陈建萍　著

清欢

壹嘉出版　旧金山

壹嘉出版
1 Plus Books
https://1plusbooks.com

书名：清欢
作者：陈建萍
摄影：陈建萍，林家俊（除署名者外）
© 陈建萍 2025

2025 1 Plus Books® 壹嘉出版®
Paperback Edition
Published and Printed in the United States of America

ISBN: 978-1-966814-14-6

出版人：刘雁
封面设计：王烨
定价：$19.99
San Francisco, USA , 2023
https://1plusbooks.com
email: 1plus@1plusbooks.com

目 录

人间清欢

五步之遥，必有芳草

我的"潮"生活

诗与远方

人间清欢

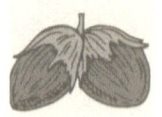

终于当外婆

终于当外婆了!

这一天我等得很久,很久,似乎已看不到希望了。看着身边许多朋友和同学早早就含饴弄孙,享受着天伦之乐,我只有眼巴巴地羡慕着,却无法催促女儿。

也不知女儿是如何想的,老大不小的年龄,自我感觉还是一个小女孩。结婚、生儿育女,这些在我眼中的人生大事,她却能拖则拖,能延则延,感觉有责任的家庭生活是一个遥远的计划。

从"逼婚"到"催孕",女儿认为我不可理喻。终于等到她结婚了,她却不急着要孩子,我几乎"软硬兼施"样样来一遍,她却视我如空气,一味地我行我素。

那天她和女婿一脸郑重地宣布怀上宝宝了,这突如其

第一次做外公外婆

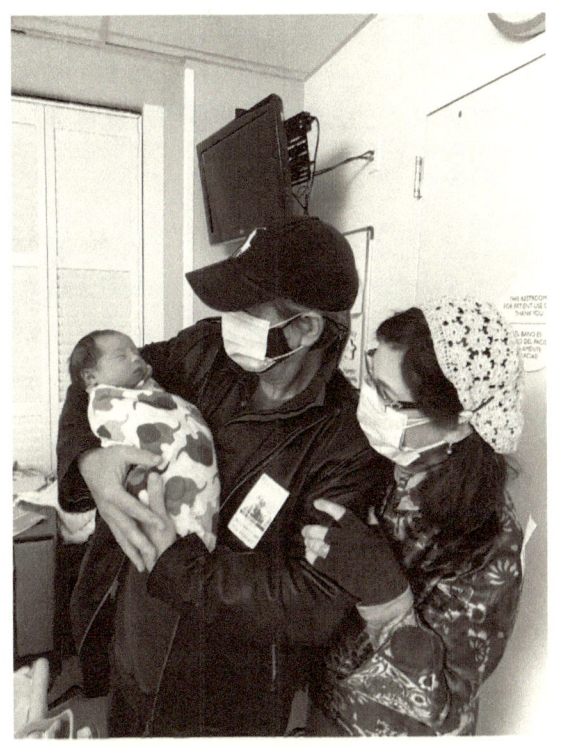

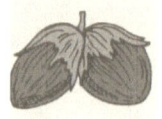

来的喜讯，让我和JJ竟一时难以相信。

想着前不久送女儿女婿一条刚出生的边牧狗，心里还有点儿后悔，恐怕以后他们忙不过来，耽误了播种大事。女儿则笑着对我说，得感谢那条狗，就因为忙它，忘了吃药才怀上宝宝的。

看着女儿一天天隆起的肚皮，我美滋滋地早早为她预约了两个月的月嫂。美国月嫂不便宜，但我觉得值。据推荐的好友说这位月嫂很有经验，口碑不错。可女儿和月嫂沟通了几次后，坚持不要，她说自己的孩子就得自己带，交给别人不放心。

女儿一旦倔劲儿上来了，我费尽口舌也白搭。孕期什么该吃什么不该吃，她弄得清清楚楚。她还拉着女婿专门上了几堂新生儿护理的课。

小衣服、小被褥、尿片、奶瓶、婴儿床等准备得齐齐当当。

一切就绪。

2021年11月23日，女儿在斯坦福儿童医院剖腹产，手术非常顺利，是一个小外孙，7.7磅。

因为疫情原因，我们不能去医院陪护，女婿发来小外孙视频，好可爱的干净样，睡时还响亮打着呼噜。

女儿产后第三天是感恩节，医院终于同意家人探访，但室内只能进二人，我和JJ代表全家兴冲冲准备了感恩节食物赶往医院。

医院冷冷清清的，只有少数护理人员守着产妇和新生儿。

女儿看上去还带着术后的倦容，但初为人母的喜悦溢于言表。正好赶上护士给小外孙打疫苗针，从腿根部注射，小家伙皱着眉头，紧闭双眼，张大着嘴"哇哇"大哭，声音是如此娇嫩，女儿却说，"他其实没有你想象那么脆弱。"

新生儿看上去真是娇嫩啊，娇嫩得让人不敢触碰。JJ轻轻抱起了外孙，我们第一次和小外孙的见面便定格在了感恩

节的夜晚。

都说新生儿怕光，可这小家伙一来到这个世界，便睁大了好奇的双眼，东张西望。或许是隔代的缘故，这肉团团的小生命，让我有一种如痴如醉的迷恋，还有那牵肠挂肚的爱意。

女儿和外孙恢复良好，第四天便回了家。因为没了月嫂，我感觉压力山大，只得一一派活：婆婆负责煮月子餐，母亲负责洗刷，我负责采购并协助婆婆煮餐，女婿照顾夜晚的产妇和新生儿，JJ则负责白天抱娃。说来也怪，JJ的臂弯犹如一个温暖的小床，这娃到了他手里就安安静静啜着小指头睡了。

女儿女婿是最辛苦的，特别是起夜照顾哭闹的宝宝。但我相信这份辛苦于他们是甜蜜而开心的。虽然我从心底里心疼他们，觉得有月嫂会轻松许多，但也非常理解和佩服他们护犊的态度和勇气。有天宝宝哭闹得厉害，我问女儿会不会尿片湿了，女儿打开尿片：岂止是湿了尿片，一大堆黑绿色胎便糊满了小屁屁、小肚肚、小背背，难怪会哭闹。其实

哭闹是宝宝的语言，宝宝哭闹总是有原因的。

换尿布原本是女婿的活儿，偏巧那时女婿出外取东西未归，女儿便临阵磨刀。只见她手脚麻利地拿出一包清洁纸，边边角角，缝缝隙隙，无一疏漏地清理着，抬起宝宝的小胳膊，托着小脑袋脱衣换衣，一边干着一边还和宝宝轻轻说着话，不一会儿就将宝宝整理得清清爽爽、整整齐齐。我在一边看傻了眼，女儿啥时变得如此能干且母性泛滥，一点儿也没有初为人母的手忙脚乱。

家中的婆婆和妈妈，也在热闹中忙碌着，端汤倒水，洗洗涮涮。喜悦布满了她们的老脸，遮掩了她们的皱纹，让她们变得如此年轻而充满活力。

感恩上苍，在我晋升外婆之时，仍有婆婆和妈妈的陪伴，这对我是最好的支持和依靠。

家中添丁，四世同堂，看似一地鸡毛，细细品味，则分外甜蜜。

女儿的育儿记

　　女儿时不时在家庭微信群里发几张小外孙 Kai 的照片，一家人看得喜滋滋的。

　　我横看竖看，一高兴，一忘形，便给小外孙起了个外号"混血鲁智深"。

　　洋女婿问："鲁智深是谁？超人吗？"

　　我说差不多，中国古典文学"水浒传"的绿林好汉之一。女婿问：长得啥样？

　　我说鲁智深长得面圆耳大，鼻直口方且力大无穷，可倒拔垂杨柳。

　　女婿惊讶说有这么厉害！

　　不过我没敢说他在书中也是个长相凶顽，整天惹祸的

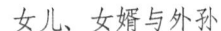

女儿、女婿与外孙

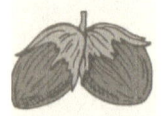

花和尚。

可不嘛，瞧瞧小家伙，没几根毛发的小光头，胖嘟嘟的脸上瞪着大大的圆眼，在小床上有劲地蹬腿挥拳，再摆上几个武林姿式，还真有点小小鲁智深的模样。

小家伙长得真快啊！

或许是隔着代，每次看着小外孙的可爱样，我便忍不住想抱，想亲，看也看不够似的。

记得当年自己生儿育女时，满脑子装的都是工作，虽然也给孩子们写成长日记，给他们买这买那的，陪他们听音乐，看图片书，但诸如换尿片、喂奶、洗澡等琐事，却一概由父母、婆婆或阿姨帮忙照顾，如今发现这竟成了我心中一大憾事。

想着每次兴冲冲去看小外孙，女儿从眼神到说话的语气，亲力亲为照顾小外孙的一举一动，总让我自愧不如。

先拿抱孩子的姿式说吧，我一看到小外孙那胖呼呼的

小模样，就会眼睛发亮，控制不住自己，恨不得一把抱过来，紧紧拥在自己的怀里，使劲儿亲这软糯糯的小肉球。

女儿倒好，抱着宝宝不急着递给我，而是问我是否洗了手？我忙不迭说"洗了，洗了"。她仍不紧不慢地叮嘱我，宝宝的脑袋不能托太高哦，不过也不能太低，头部有几个敏感部位千万不能碰的，左右手要配合好，像一个小船将宝宝腰和小屁屁托住，否则宝宝腰会伤到的。好不容易等她递宝宝于我手上，她又会不放心地加一句："你抱孩子咋这么别扭，你的抱法，宝宝会不舒服的。我和弟弟真是你抱大的吗？"我狠狠瞪了她一眼，没大没小，究竟谁是妈啊。

有一次，我发现小外孙躺在小摇篮里笑眯眯地看着我，我伸手去抱他，发现背部衣服有些湿，和女儿说他尿尿了，女儿却说一定是拉粑粑了，否则不可能湿出来的。女儿手脚麻利一打开尿片，果不其然，一大堆屎已糊满了宝宝整个小屁屁。女儿拿了洁净纸清理着，有条不紊地忙碌着，我和JJ在一旁干站着，根本插不上手，女儿还让我们离远

点，说是小外孙随时会射尿，有可能像水枪似的，射得你满身满脸都是。

再说奶瓶喂奶吧。一家人聚餐时，女儿会用吸奶器将奶水存在奶瓶里冷藏，方便宝宝饿时可以喂。

那天，一家人正边聊边吃，宝宝醒了，撅着小嘴找奶喝。我想让女儿安心吃饭，便放下饭碗，招呼JJ将奶热了，然后拿了奶瓶准备喂宝宝，女儿又一脸紧张地跑过来教我：托宝宝的角度要准确，头要竖着，脖子得托好，喂时要让宝宝主动吸奶嘴，而不是硬塞进宝宝的嘴里，并且不能一口气喂完……女儿絮絮叨叨，没完没了得让我有些不耐烦了。我告诉女儿，不要忘了我也是两个孩子的妈！女儿的育儿经，总让我感觉自己好像未曾生养过孩子似的。

转眼间，小外孙已三个多月了。

百天后的小外孙，细胳膊细腿已长成藕节般的胖胳膊胖腿，圆圆的大眼睛骨碌碌转着，对身边人和声音已有了反应，还喜欢蹬腿挥拳，一招一式特别有劲，全家人围着他，

乐呵呵地看不够。

　　想到刚出生的小外孙，或许是剖腹产的缘故，当时那瘦弱的小身子犹如非洲难民小孩似的，医生也说体重不足，着实让家人暗暗捏了把汗。

　　女儿为此读了大量的育儿书，女婿曾经帮他姐姐照顾过婴儿，所以也积累了不少经验。他俩坚决辞退我请的月嫂，同心协力，搭档配合，精心育儿。小外孙一举一动，他们都能说出原因。比如当宝宝眉心发红、开始哈欠，便是累了，要开始闹睡了。吃饱奶后，若宝宝不安分的扭动，说明胀气了。女婿会竖着抱他，轻轻拍背，让气顺利排出。有时女儿关上门和小外孙一起，老半天没有声音，我着急敲门要问怎么回事，才知她正和小外孙肉贴肉的做亲子体验。女儿女婿买了许多婴儿教育用品，以此刺激小外孙的关注力，训练他抬头、抓握的能力，说是三岁之前的教育至关重要。

　　小外孙在他俩的精心照顾下，体重、身高、运动能力都有了明显的提高。

　　看着小外孙一天比一天健壮结实的小身板，感觉年轻一代的育儿法要比我们老一代人更科学，更简洁，更方便。看着女儿和女婿津津有味、妥妥贴贴地侍弄着小外孙，辛苦却乐在其中的场景，我的心彻底放下了。

　　朋友问我外婆做得累吗？我笑道，不累哈。我和JJ仍如以前一样，该吃吃，该喝喝，该玩玩，怎么轻松怎么生活，乐得清闲又自在。

　　我明白，儿孙自有儿孙福。孙辈之事，我们无需过多操心，小外孙在我们生活中永远只是一个开心果。

小外孙周岁记

生命是一个偶然，奇妙又美好。

感恩节的前一天，我的小外孙迎来了他生命中第一个生日。

想到刚出生的那会儿，他紧闭双眼被包裹在一床小毯子里，细微的哭声，娇嫩的小手小脚，柔弱的模样让人不敢碰触他，深怕一不小心，弄伤了那小小的身躯。

如今，襁褓中的小奶娃已长成二十多磅的健康宝宝。他会晃头晃脑地关注周围；会爬东爬西去抓自己喜欢的玩具；会扶着沙发好奇地看着窗外；会满手抓食往自己嘴里送；会随着音乐有节奏地扭动小小身体；会听故事并翻看儿童书；会大声咿咿呀呀表达自己的情绪。他快乐的笑声，不满的皱眉，生气的啼哭，总是瞬间交递变换着，在我眼里，

小外孙与狗狗

这是人间最真实、最单纯、最可爱，也是最宝贵的情绪表达。小外孙英文名Kai，家人亲切地唤他"凯凯"。

凯凯对家人的喜爱有很强的选择性。他最喜欢外公JJ，一见JJ便使劲挥舞着小手要他抱，听见JJ逗他玩的声音，便"咯咯咯"笑个不停。而我就不行了，刚刚抱他于手中，他就皱起了眉头，哭闹着挣脱开我，迅速扑向JJ。我纳闷，难道我在他眼里是狼外婆吗？

JJ见状，安慰我说，月子里他常常抱凯凯入睡，或许凯凯熟悉了他身上的味道，习惯了他的抚摸动作，所以比较黏他。而当时的我则在厨房里忙着女儿的月子餐，浑然没有意识到我正在失去和凯凯亲密接触、情感培养的大好机会。天呐，看似一团肉肉的小不点，竟然如此敏感，唬弄不得，早知如此，我应该让JJ去忙月子餐的，悔之晚矣。

凯凯的一周岁生日，在四世同堂的氛围中进行着。女儿亲手为凯凯做了一个不含糖的小蛋糕，并和女婿用气球等装饰品，精心布置了一个温馨的生日画面。JJ负责准备美

食，我、儿子及二老忙着礼物包装和红包，一屋子都是满满的生日祝福。在家人的心里，凯凯是上天的恩赐，感恩节的礼物，他带给全家的惊喜和快乐，是如此妙不可言。

一周岁生日，凯凯第一次开口叫了"妈妈"。一周岁生日，凯凯第一次用手抓生日蛋糕，但却将蛋糕弄得粉碎也不吃一口。一周岁生日，第一次忘乎所以地吞吃龙虾，却无法下咽。一周岁生日，第一次收到生日红包，小手满满握不住。一周岁生日，第一次听见大家为他唱生日歌，他竟傻愣愣地呆住了，目光纯净又超然。

一周岁生日的一切是如此简单美好，感觉像是一个梦。一周岁的生日，记录了许多个第一次，凯凯瞬间长大了。

一周岁后的路还很长很长，凯凯将和所有人一样，会在人生的路上，面临无数个第一次。我衷心希望凯凯一路走下去，步步坚实，多一些过程，多一点停留，学会四处浏览，懂得在路旁稍做休息，在这拥挤嘈杂的红尘中，去追寻

属于自己的那单纯而自然的美丽人生，而不是一个匆匆的赶
路人。

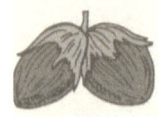

婆婆妈妈

重阳节正巧赶上周日。

我乘兴买了鸭子、瓜果菜蔬，忙活半天请婆婆妈妈吃顿饭，共度重阳节。

刚从朋友处品尝了红米鸭，觉得味道不错，赶紧学着做，让老人尝尝新式菜。又知老人喜素，便炒了日本南瓜、合掌瓜、莲藕和西红柿蛋四样小菜，外加一锅绿豆莲子百合汤。

老人们是最好哄的。虽然我的厨艺平平，但老人却吃得津津有味，点头称好。看着两个老人的开心劲，觉得自己推掉了当天几个活动还是挺值的。

婆婆和妈妈都已是耄耋之年，除了耳有点背外，她们的腿脚、脑子、生活能力都远远年轻于实际年龄。

婆婆和妈妈结伴来美国生活，我们住山上，她俩住山

婆婆妈妈

下。如今的山下别墅，完全是她们的地盘，母亲大人占领了院子，婆婆大人占据了厨房。

我精心设计的美丽花园，如今已成了母亲大人的菜园。她毅然决然将我的花草挖出扔了，种上她喜欢的蔬果；又将她喜欢的玫瑰花剪枝，在院子四周稀稀拉拉地插上。她的审美是局部的，是那种零零星星的点缀，稀稀拉拉的布局，在我眼里绝无一丁点的全局审美意识。

婆婆大人对花木不感兴趣，花精力去侍弄花草，在她眼里是非常不实惠的。所以她每天为三顿饭忙碌。她随手炒的小菜清淡可口，烘烤的豆沙年糕更是香甜诱人。但她却不讲究盘碗器皿的搭配。我原先精心挑选的盘碗，她是逮到什么就用什么，哪管中式、美式、日式的，我说她缺乏情调，她却认为那是虚头巴脑。

婆婆妈妈长得一个瘦一个胖。性格上，一个理性，一个感性；一个能言善道，一个笨嘴拙舌；一个精明能干，一个热情朴实。但都是善良的主，还都十分洁癖。两位老人吃

饭夹菜定要用公筷。每人有各自特定的杯碗勺筷。平日婆婆煮饭，母亲洗碗。婆婆煮饭后的灶台永远擦拭得锃亮如新，母亲洗过的盘碗也总是不带任何马虎，干净得挑不出毛病。

婆婆大人记忆力超强。电话号码统统脑记。一说起影视明星及歌手，几乎没有她叫不上名字的。甚至连这些人的生活背景、婚姻、学历，她都如数家珍，一清二楚。

母亲大人是个糊涂人。她只求管好自己，闲事一律不往心里去。记忆力超差，刚认识的人，转头便忘。但她就是喜欢学英文，学了忘，忘了学，孜孜不倦。她还鼓动婆婆大人学，婆婆大人很干脆说："不学！没兴趣！"

这些年下来，母亲每天在家背单词，可记得能说的却少之又少，倒是一旁的婆婆英语单词一个接一个从嘴里蹦了出来，全是从母亲大人这儿听来的。

两人相伴去隔壁美国超市买菜，想买三文鱼头，因为超市的鱼头通常不放在架上，她们就对售货员指指货架上的鱼，再指指自己头"head, head"的叫唤，老美售货员竟也懂

了她们，笑咪咪地从里面拿出三文鱼头给了她们。

婆婆妈妈耳背，常常你说东，她说西，闹出些笑话来。一次我夸二老："你们真的是一对快活老太太。"母亲大人不乐意了："我们都是中国人，怎么成了泰国老太太了？"

我也常听见她们的对话，心中直乐。这边问："你出去拿报纸？"那边答："我还没吃饭。"又问："我们今天去不去走路？"回问："我们今天去超市？"又告诉说："我去休息了。"又问："去逛街？"真是这边唱来，那边乱和，各人说着各自的话。

最逗的情形是两人在饭桌上互相让吃、劝吃，十分热闹。这边说："你吃！"然后一筷子菜夹到对方碗里。那边说："你自己不吃，怎老让我吃！"一筷头又夹了回去。然后这边又一筷子过来："你多吃嘛！"那边又一筷子回去："你自己吃，你自己吃！！"几个回合后，才齐声说："不要推来拣去啦，太麻烦了。"这才各自吃起了自己的盘中餐。

婆婆妈妈也赶时髦。一人一个苹果手机上微信。有时

带她俩去餐馆，她俩专心致志玩手机的样子，竟成了餐馆的一道风景，不时引来周围好奇的目光。母亲大人还亲手缝制了两个手机袋。手机不用时，她俩就像装钱似的小心翼翼将手机藏在小袋里，各自握着，犹如两个土财主守着荷包。

平日里看着婆婆妈妈，她们好似一对老姐妹，又像两个老小孩，感觉她们是家中的一对老宝贝。

"不安分"的老母

　　从我记事开始，母亲好像一直在"犯事"，因为"犯事"，一年半载里，母亲就成了医院的常客。

　　母亲生性好强胆大，总喜欢去做一些力所不能及的事。至于后果，她很少考虑。中学时，平衡能力极差的她，学翻双杠，一不小心便摔裂了尾椎骨，至今风雨天还会隐隐作痛。母亲学骑自行车，技术不稳便执意出门，歪歪扭扭地骑车上了街，结果摔了一大跤，硬生生摔断了两颗大门牙，疼得一说话便抽风。她休息时也不安分，午睡时翻身竟会从床上摔下来，摔断了肋骨，又是卧床大半年。

　　母亲除了会"犯事"，身体也极差。她年轻时有严重的胰腺炎和胆囊结石，一犯病便疼得打滚儿。在她不到三十岁年龄，就动过一次大手术，全麻后开膛破肚，切除了胆囊和

母女连心

十二指肠的一部分。开刀后，缝合处总也痊愈不了，几年下来脓水不断；后来终于好了，却永久地留下了一条歪歪扭扭的丑陋疤痕。

还记得我中学时，一次老师急急通知我，说我母亲急病，让我赶紧去医院。我火急火燎赶去医院，看见父亲正在母亲的病床边，面色凝重。母亲在哭泣，一问才知母亲突然瘫痪了，也不知什么原因造成的。结果母亲在床上躺了足足一年多后，凭着巨大的毅力坚持下地用拐杖练习走路，竟奇迹般地好了起来。

自我懂事起，记忆中的母亲便是医院的常客。早年母亲受疼痛折磨的呻吟和护士护理过程中"叮当"作响的器械声，在我童年的记忆中留下了可怕的刺痛和印痕。

但体弱多病的母亲在工作中却是个拼命三郎，曾连续两年被评为杭州市劳模教师。家中的镜框、热水瓶、脸盆和杯子都是她的奖品，还有数不清的奖状。我很难想象她这么柔弱的身体，是如何去承担那些超负荷的工作压力的。

病快快的母亲自从我上大学后，竟然健康了起来，住院的次数明显减少，而且平时喜欢上了走路锻练，两条腿练得十分有劲。

如今母亲已步入她生命的第八十八个年头。她的性格一如即往的任性、好强、胆大。她十分注重锻练，心态仍停留在年轻时期，觉得自己是坚不可摧的。她每天会坚持走一万步，还在微信上和年轻人比赛走路步数，更要命的是她还时不时倒走锻练，我们怎么劝阻都无用。

不识时务者，终究要吃亏的，母亲终于为自己的自以为是付出了代价。

那天她嫌九十多岁的婆婆和邻家刘阿姨走路慢，便甩开她们，自己开始独自快步倒走，不料邻居的两条狗撒欢儿奔到她身边，她注意力一分散，便重重地摔倒在地。

当我再见到母亲时，吃惊地发现她嘴唇上一片乌青，像是长出了一撮胡须。再三逼问之下，她才如实交代了原因，还直说不碍事。

　　摔跤后，要强的母亲仍每天坚持走路，有时甚至还会小跑一下，却没有意识到她的痛苦正悄然而至。

　　那天清晨，她突然发现自己无法动弹，一动便疼痛难忍，此时她才感觉世界末日来临了，但她仍镇静地指挥着我们，要我和JJ送她去急诊拍片，还指定要去斯坦福医院。

　　我们一一照办，那天在医院里从排队等待到验血、CT、X光，一个急诊下来整整十几个小时。诊断结果是母亲的胸椎十一节骨裂，肋骨也有骨裂，还伴随着急性闪腰。此时母亲一心想要住院，但她的病情在医生眼里就是个小case，完了给了一个护腰就打发回家，连止痛药都没有，说是吃点泰诺便可。

　　为了照顾方便，我们让母亲和婆婆上山宅同住。母亲每天躺在床上痛苦难熬，稍微一动，那撕裂的疼痛就开始折腾起她，几十年前母亲受病痛折磨的叫唤声又开始在我耳边响起，熟悉又刺耳，让我心疼不已，却又很无奈。我明白，老年人最怕摔跤，许多老人一跤后不是元气大伤，

便是不久人世。

　　此时的我膝关节炎正在发作，但我已顾不上自己了，我只想竭尽全力帮助老母迈过这一坎，她可是这世上最疼我的人啊。

　　这些日子，我忙里忙外地照顾着老母，每天端水送饭，擦洗喂药成了我的日常，除了每周三至四次中医上门治疗外，我也学会了一些基本护理方法，老母则还担心着我，嘱咐我别太累了。我庆幸身边有JJ和婆婆时时帮着我，至少我还有大树可靠。

　　眼见母亲一天天好转起来，我的心也由阴转晴。

　　老舍先生有句话，"人，即使活到七八十岁，有母亲在，多少还可以有点孩子气。失去了慈母就像花插在瓶子里，虽然还有色有香，但却失去了根。有母亲，是幸福的。"

　　我感恩自己这把年龄，仍有老母陪伴左右，仍有老母可让我尽一份微不足道的孝意，这于我而言，是一种难得的

幸福。至少老母的存在，让我的内心犹如湖水般宁静和安稳，我享受这种辛苦而快乐的生活。

纸短情长

读了几个朋友以信为话题的文章，甘之如饴，颇有共鸣。她们的文字承载着无边的回忆，充满了云蒸霞蔚的情感和宽广淳厚的温暖，往日那些再普通不过的家书和信件一下鲜活了起来。

心中的一根弦被触碰了。暮然回首，泪水打湿了眼眶。

那是八七年夏天的一个下午，我和JJ收到了婆婆的一封信。

信里仅述了思念之情，却未谈及任何事情。JJ读完便搁置桌上，干起了别的。

或许是女人的敏感，婆婆信里欲言又止的话引起了我的疑虑。她说非常想念我们，真的好希望我们有可能回家一

年轻时的 JJ 与建萍

趟。那时我们在美国的生活才刚刚开始。

清楚记得那天JJ刚拿到博士奖学金，而我也在学校找到一份兼职，从而解决了我读研的昂贵学费，我俩双双都沉浸在这来之不易的快乐之中。

我又将信细细读了一遍，更确定婆婆在信里正努力传达着一种不祥信息，绝不是一封单纯的家书。

JJ在我催促下，赶忙打电话向他叔叔侧面了解情况，果然叔叔告诉他一个非常不好的消息，我公公得了晚期喉癌，估计时日不多了。

都说福兮祸所伏，这话一点儿也不假。我们的心情一下落入了谷底，天似乎要塌了下来。

几天里我们都在沉默中度过，桌上婆婆那一页信笺重如千斤。

JJ不顾一切地用最快速度订好机票，整理完行装，登上了去青岛的飞机。

　　他临上飞机前嘱咐我做好最坏的思想准备，不仅仅是他父亲的病情结果，还因为他的公派留学身份能否顺利返美也是个问号。

　　我想不了那么多，满脑子装的都是公公的故事。

　　公公出生大户人家，性格大气豪爽。年轻时喜欢骑马和玩摩托车，家中还养过三匹大洋马。为此文革期间，身居领导职位的公公没少吃苦头。

　　他曾经被关押和游斗，心高气傲的他委屈郁闷，开始每天用香烟排解寂寞和压力，甚至有一次还想过自杀。要不是有婆婆一路感情支撑，他或许早已不在人世了。

　　公公挨斗关押期间，婆婆一直是他的精神支柱。公公每次戴高帽游斗时，婆婆总是不管不顾地挤到他身边陪斗，生怕他会想不开走绝路。

　　婆婆出生富商人家，这位从小出门坐黄包车，在家弹钢琴的大小姐，却在后来和公公一起的走南闯北生活中，练

就了一副天不怕地不怕的泼辣劲。

世事扰攘，红尘嚣嚣，公公和婆婆相遇相知相守几十年，好不容易生活开始安定好转，公公却又遭遇如此不幸。

公公得病时才五十八岁！我凄然。

公公一直待我极好。

记得我和JJ在青岛的日子，他总是想方设法安排好一切，让我这个南方姑娘习惯北方的生活。他包的虾肉饺是我至今吃过最好吃的饺子。

知道我喜好文艺，他忙前跑后去买音乐会票，然后带着全家人享受音乐会的美妙。

他不许别人给我委屈受，对我自由散漫的生活习惯也总是睁一眼闭一眼。若我和JJ闹点小脾气，他总是站在我一边，我也借他将JJ欺负个够。

这次公公生病，我却不能前往探望，独自一人留守美国，心里又孤独，又害怕，鸿雁传书恐怕是唯一的期盼了。

天天守着信箱等待，一天一天过去了，竟然没有收到过JJ的一封信。

想起以前我俩即使分开几天，都会写上好几封信，倾诉彼此之间思念之情。而且JJ有个习惯，离别的头一晚总会写上一封长长的信悄悄压在我的枕下。这次分手他仍习惯地留下枕边信，离去后却如此反常没了音信。

这次究竟怎么了！

或许一颗孤独脆弱的心容易胡思乱想，我一时有了JJ弃我而去的念头，心里一时乱了方寸，我给公公去了一封信，信中只字不提JJ。

我的信很快有了回信。公公此时喉管已切除，不能说话了。一切进食全靠喉头这根管，有时一个咳嗽，浓痰和食物便会喷得到处都是，身体已虚弱得不行。而他仍亲自用笔一字一字歪歪斜斜为我写了一封信。

字里行间，我读到了公公对人生的无比眷恋和遗憾，

那种无以言表的无奈和悲伤于我而言就是临终绝笔。

我泪如雨下，湿了信笺。没过多久，公公离世了。

JJ料理完家事，最后还是如愿回到了美国。

他急急问我为何不给他去信，他天天在家盼着我的信。开始每天亲自去信箱取，每每空手而归。后来太怕失望，又叫妹妹去。但他仍会站在家门口远远望着取信的妹妹，而妹妹检查完信箱后，便习惯地朝他双手一摊，他心里别提有多失望了。

我责备道，那你为何不来信啊，丢我一人在异国他乡受煎熬，那时我想你的信都想疯了！

他惊了，不可能！我给你去过很多信的！

这天，我一下在邮箱收到了十多封信，许多信封已破损。全是JJ给我的信，不知为何它们都迟到了，却在同一天又到了我手中。

女儿的傻劲儿

那天，我刚收回一个出租房，心里窝了一肚子的火。房内壁灯破碎，地毯污秽，墙壁破损，垃圾成堆，天花板还落下一块，原先好好的一个新房子被糟蹋得不成样子。

我不想找麻烦再出租了，干脆将它装修了一下。修补破损，粉刷墙壁，换地板和瓷砖，再装上百叶窗，整个住房一下变得舒适、美观，焕然一新了。

力劝女儿搬进去住。

我苦口婆心为她算了笔账，想想她现在租的房子，条件地段都不如我这房子，每月还得掏腰包付租金。上班还不方便，经常堵车。若搬来这里住现成的，离父母和公司都近，互相有个照顾，上下班也方便，早晨还可以多睡一个小时觉，最重要的是，她一年可以省下好多钱哪。

　　美国长大的孩子缺乏生活头脑。我满心以为女儿会屁颠儿直乐，抱着我叫老妈真好。不想女儿听了死活不干。我这里好心相劝，她那里摆一张臭脸就是不答应。最后我真头大了，怎么当娘的还有哭着喊着送房子给女儿住的，实在太离谱了吧。

　　老公出面了，召集开个家庭小会。由我先发言。我是声声委屈，觉得看女儿挣钱不容易，平时开销又大，如今我正好有一屋空出来，又出力又出钱装修好了，让她现成享受，凭什么遭来如此无情的冷漠和拒绝。女儿发话了，她说她希望自由独立的生活，一旦住进老娘给的房子，她的自由便给拴住了。她宁愿生活上拮据一些，也不愿做娘的房奴。我一听就生气，好心好意想让她的生活宽松些，她却在那儿高歌自由，勒着裤腰带摆尊严，这不成心气娘吗。心中一生气，就和女儿话赶话了。眼看又得闹不愉快了，一边的老公马上开始扮起了和事佬。他递我一杯热茶，塞女儿一只桔子，示意两人免开尊口，由他来说。

　　老公首先肯定我这做娘的用心良苦，同时也告诉女儿，她有绝对的自由选择权。

　　第一，她可以选择住与不住。住也非白住，她需要负责交地产税和物业管理费，另加水电费。若她选择住这里，她可以省下许多钱，而且我们也不必费心再找租客，这是两全其美的方案，她可以考虑一下。

　　第二，让她住这房子，为娘的没有任何一点私心打算，一心都是为她着想，所以，她无需有思想负担，任何时候她都有自由选择去留。若她今后有更好去处，她不用为此屋操心，她甚至有权力转租，拍屁股走人。

　　老公话完毕，女儿脸色由阴转晴。她终于明白了我的一片苦心。我俩之间为房子引起的争执也就烟消云散了。

　　平心而论，对女儿的傻劲我还是挺欣赏的。她的不谙世故，不啃爹娘钱，让我看到了美国长大的孩子单纯、独立的可爱。对这些孩子而言，享受一份自由自在的生活，恐怕

比什么都重要。真可谓，金钱诚可贵，房子价更高，若为自由故，二者皆可抛。

湿毯子的故事

曾经学了一个英语短语叫"A Wet Blanket"。

这个"湿毯子"的说法翻译成中文，就是俗话说的"爱泼冷水的人"或"扫兴的人"。

起初我读到"湿毯子"，感觉十分形象，贴切，也有趣。只是没想到，以后的日子里，我自己就实实在在地当了一回"湿毯子"。

那是一个周日的下午，儿子从中文学校放学回家，兴冲冲地递给我一本学生作文集，大声说他的作文被老师选在文集里了。

我迫不及待地拿起就读，里面的确有不少好文章，随即也发现有一些既不成文也不成章的东西。

这是优秀作文选吗？

　　我又细细从头至尾读了一遍，终于明白这只是老师为鼓励孩子们积极学中文的一个学习汇报和记录。

　　我未加思索地脱口而出："儿子，你的作文写得很一般啊。瞧，那个叫王妞妞的，有八篇登在上面，篇篇都写得很好。另外，这不是作文选集，你看，你们年级所有同学都在上面呢。"

　　一席话，说得儿子十分不悦，他立马横眉竖眼地冲了我一句："我不在乎！反正在你眼里，我什么都是不好的！我对中文就是不喜欢！"然后，他像一根蔫了的小草，垂头丧气，一语不发了。

　　儿子的反应震惊了我，我意识到儿子被我严重地挫伤了自尊心。

　　或许我是不经意的，但在传统的"爱之深，责之切"的影响下，我的确伤害了儿子的自尊心，充当了一次"湿毯子"。

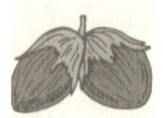

　　心理学家皮格马利翁曾经有过一个实验。他给班上老师一组学生名单，告诉她是经过测试优选出来的。这些学生将会是本学期学习成绩最好的。老师听了将信将疑。以后的日子对这几位学生的赏识和关注明显增多。果不其然，学期结束后，这几个学生的成绩都在班上名列前茅。事后老师问心理学家是用什么方法测试出来的。皮格马利翁解释道只是随机抽出几个学生的名字罢了，并没有任何测试。他的目的只是想看老师的赏识和关切程度和对孩子的认知态度会不会对他们的学习成绩造成影响。这就是后来心理学上有名的"皮格马利翁效应"。在教育实践上，有人也引用为"赏识教育法"。

　　"皮格马利翁效应"告诫我们，如果对自己的孩子苛责有加，处处挑剔，孩子的心也会离我们越走越远。他们会认为自己一无是处，从而失去自信。若孩子经常受到赏识和鼓励，他的成长过程就会伴随着愉悦和自信。

　　为人父母，当学会赏识自己的孩子，让他们在不断发

掘自己特长和在我们的赏识鼓励过程中找到自信和快乐，千万不要成为他们的"湿毯子。"

放飞儿子

儿子上大学了。

一家人陪着他从西部飞到东部报到，大有陪太子读书的阵容。一行人七手八脚，八嘴七舌，乱哄哄忙活着帮他将行李杂物送进寝室，一一安顿好后，才相拥告别。

儿子进的 University of Michigan 位于 Ann Arbor 市，是有着二百多年历史的老校。校舍的墙面砌筑着大片红砖，校园阳光下的古老建筑和百年老树衬着草坪上急急行走的大学生们，无不渗透着遥远悠久的文化气息和现代时尚的青春朝气。

儿子高中就喜欢打橄榄球，是校橄榄球队的队员。因 Michigan 大学传统流行橄榄球，而且水平不错，儿子心中的理想大学便是它了。

儿子终于如愿以偿。千里迢迢从西部的阳光加州来到

放飞儿子

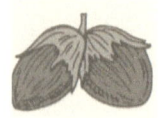

东部的 Michigan，他终日绽放笑容，脸上竟找不见一丝一毫的恋家情绪。

儿子自小在家就受到百般宠爱。大家将他照顾得无微不至不说，连他的喜怒哀乐都会牵着一家子的心。这次离家远行，对儿子而言是他第一次人生独行的开始，他兴奋向往，跃跃欲试。而于家人来讲，竟是如此依依不舍，牵肠挂肚。

还清晰记得儿子出生时的模样，胖呼呼，红通通的脸，厚厚的头发竖立着向上冲，不哭不闹自顾自地憨睡。

婆婆重男轻女，一听说有孙子可抱，万里迢迢从中国赶来帮忙，一把屎一把尿地侍弄着小孙孙，每日将他弄得干干净净，舒舒服服，省了我许多力，帮了我不少忙，可她还整日细咪着笑眼夸我说："好媳妇，你为林家立功了！"我心里数了一数，林家孙辈中，儿子的确是唯一林姓男孩。

儿子是泡在蜜罐子里长大的。因我中年得子，女儿又大他十三岁，所以他在家人眼里成了倍受呵护的小宝贝，连

姐姐都不例外地宠着他，样样好吃好玩的东西都让着他。婆婆就更不用说了，他是婆婆的心尖尖，老人的生活轴心全围着他的日常一举一动转。

儿子爱干净，每天放学回家，婆婆就会将他从上至下刷洗干净，连书包，球鞋也不放过。儿子的衣服永远叠成一线，我曾试着做过一回，弄得满头大汗，也无法将衣物叠得如此整齐划一。所以在儿子长大过程中，　他的房间我很少去碰，只有婆婆老人家常常转悠其中，整理儿子的角角落落，东摸摸西摸摸，整日乐此不疲。

我不以为然，告诉婆婆："男孩得粗养，如此精心侍候，长大了会因独立生活能力的欠缺而失落，那时可谁也无法帮他了。"婆婆年事已高，固执如小孩。她回答说："你的话没错，可我就是心疼他，就是做不到！"我心中无奈，又不好争执，女友见状，就劝我说："别着急，在爱的环境下长大的孩子坏不到哪儿去。"可我心中仍为儿子的将来捏着一把汗。

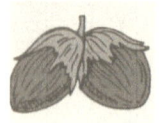

　　不知不觉，儿子从一个胖嘟嘟的小婴儿长大成一个有棱有角的小帅哥。令人心慰的是他高中时参加了校橄榄球队。艰苦的训练，团队的合作，让他一下成熟懂事了许多，我当妈悬着的心才开始放下了一些。

　　如今，儿子远走高飞，本以为会放松的心，反而又被拎了起来。临别只好拉着他的手，千叮咛万嘱咐，陈年老调反复地弹："儿啊，离家在外一切得靠自己了。身体、安全、学业都要顾好，你在外吃好、睡好，学习抓好，家人才会安心哪。"儿子耐着性子"嗯，嗯"应付着，心却早已飞向校园，飞向未知的新生活，我的叨叨恐怕根本没往心里去。

　　黄昏，夕阳为校园的天边抹上了一笔金橙色，美丽而灼人。

　　望着儿子远去的背影，我的双眼不由模糊起来，心中明白人生中那最不舍的一页终将翻过。此时，另一个声音在心底里慢慢升了起来，清晰而有力：放飞儿子，不就是期待

他飞得更高更远？既然如此，何不乘此将自己的心也一并放飞，如鸟儿展翅，悠然前行。

圣诞礼物

圣诞节来临之际，女儿出了一个主意，让全家人抓阄准备圣诞礼物。

也就是说，全家人的名字各写在一个小纸团上，每人抓一个，谁抓到谁的名字，谁就为谁准备一份圣诞礼物。

全家人一致举手同意。

想想这么多年来，每逢圣诞节来临，最初狂热购物的热情逐渐成为疲倦的任务敷衍，而且为每个人奔波挑选圣诞礼物的过程十分累人不说，最后还要面临拆了礼物，又要去退的种种麻烦，女儿此举的确值得一试。

第一次抓阄，大伙儿笑成了一团。竟然一半多人抓中了自己的名字。

重新再来。这次我手中的纸团上赫然写着自己母亲的

一家人在西班牙

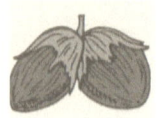

大名，而 JJ 正巧抓的又是他母亲的阄，是天意巧合？

我灵机一动，要求和 JJ 互换一下。我了解婆婆的爱好，前些日子正好在珠宝店看见一个雕花三色翡翠手镯，大小应该合适，送给婆婆，她一定喜欢。

拆礼物的时候到了。虽然每人只得一件礼物，却是由专人精心挑选出来的。看得出来，每个人都很开心，为自己的选择，也为他人的选择。

婆婆非常喜欢我选的手镯，大小正合适。而洋女婿送我的红色羊绒长围巾，也很合我心意。

其实互送圣诞礼物只是一种仪式而已，重要的是表达了我们的一种爱意，包括了一种心境。而简单且不拘形式的爱，也是圣诞精神之一吧。

年夜饭

又是除夕夜。

在美国过中国年，无外乎和家人大吃一通，或约朋友小聚，热闹一下。

说是热闹，骨子里头却是落寞冷清的。没有鞭炮，何来的喜庆，没有走亲访友，何来的拜年，没有穿新戴花，又何来的迎新!

开始怀念起儿时的过年了。

记忆最深的便是年夜饭了。记得小时候，年三十的前两个星期，我的父亲母亲便开始忙里忙外置办各式年货了。有糖果糕点瓜子花生，有鸡鸭猪牛肉，还有活鱼加各种新鲜蔬菜。那时海鲜几乎是吃不到的。年三十那天，双职工放假了。父亲主勺，母亲当下手，宰鸡杀鱼，烹煮煎

炸，忙活一天，仅为了一顿年夜饭。这也是一年中，餐桌上最丰盛的一顿饭！整整十大盘子的菜肴中，印象最深的是家乡肉圆。说是肉圆，其实是将五花肉切成丁，拌上豆腐、冬笋和山芋粉，再搁上香油、酱油、少许盐糖调拌均匀后，无规则的一块块放在蒸笼里蒸。蒸熟后，洒上葱花，热气腾腾的家乡肉圆便上了桌。夹上一筷，吃上一口，别提有多鲜美了。我是家中独女，每年都是全家三人其乐融融，围坐着吃年夜饭。而我每次都要吃撑了肚皮才罢休。其实那些年的年夜饭搁在今日，不过是些稀松平常的家常便饭罢了。但在物质匮乏的童年记忆中，那就是山珍海味了。而且年夜饭意味着团圆饭，整日吃腻了食堂的我，不仅品味到了父母的厨艺，还享受到了父母浓浓的爱意氛围。

而今，身在异国他乡，再不可能重温儿时的年夜饭了，有的只是淡淡的乡愁和那挥之不去的怀念。这次除夕，老公亲自下的厨，做了一只红烧鸭，一盘煎干贝，女

儿则做了一盆蔬菜色拉，然后开了一瓶红酒，我们三人围坐一起，吃开了一顿西式的中国年夜饭。

美国式的中国年夜饭，滋味终究是不同的。

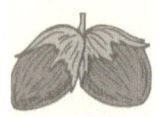

生日有感

我的生日是在中国春节和西方情人节前后。小时候，以工作为重的母亲常常会忽略了我的生日。偶尔记得了，就为我下碗面，面里藏个荷包蛋，让我美美吃上一顿。工作一忙，她就将我的生日忘得一干二净，而且忘记的时候常常多于记得。我童年的生日也就这么有一搭没一搭地混过去了。

懂事后，我开始惦记着生日的那口面和蛋，每年生日来临前便提醒母亲别忘了我的生日。糊涂的母亲竟然记不清了，问是2月13日还是2月17日？最后让我自己选一个。为了早过生日，我理所当然选择了2月13日。

从此每年的2月13日成了我的生日。来美后，护照，驾照上也就自然填上了这个日期。

　　有一次生日将临，我突然又想着向母亲确认我的生日一事。这回母亲不敢含糊了，说她手中有父亲的日记本，她去翻一下。

　　不想母亲查出的结果即不是2月13日也不是2月17日，竟然是2月15日！

　　活了大半辈子，才真正弄清自己的生日，老母亲对我生日的不负责任态度让我啼笑皆非。

　　或许上一代人都是这样，为了工作和事业，牺牲小我和家庭已是习以为常的事。那时生日烛光、蛋糕和礼物的仪式纯属小资情调，是不被提倡的。母亲能让我的记忆中存留下生日面条和荷包蛋的香味和温馨已属奢侈。只是母亲竟然将我的生日搞混，的确也是离谱。

　　有两年的生日都是JJ陪我去拉斯维加斯度过的。两人依依相伴，烛光晚餐彷佛就在昨日，历历如新。

　　这年因为有远道客人来山宅，生日party就安排在家

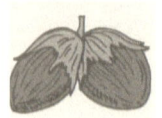

中。我问JJ是办在13号还是15号，JJ毫不犹豫地说13号！

生日宴，JJ煮了满满两锅活蹦乱跳的大龙虾，婆婆做了一锅炒面，外加一盘青菜和一个砂锅鱼头，简单而丰实。有远道而来的好友磊和晨，外加JJ的堂妹夫妇和一同来的女儿女婿，他们为我准备了生日蛋糕。

JJ、女儿、好友磊和晨还为我精心挑选了可爱的礼物，温暖如春。

其实生日的仪式也谈不上有多么奢华，别人或许并不以为然，只有自己和亲友才知道它所富含的意义。

席间，母亲一直絮絮叨叨坚持说过去每年都为我过生日的，不曾间断过。这也是她表达爱的一种方式。其实在她的那个年代，即使她有这份心，工作环境和意识形态也是无法让她顺利如愿的。我随口应和着，我愿意满足她老人家的这一虚幻想像，有母亲陪伴的生日，永远是我最美好的生日祝福。

　　堂妹夫拉起了手风琴，生日快乐歌在大厅飘荡。桌面上的生日蛋糕香味扑鼻，身边围绕着浓浓的亲情和关爱。我深深享受着此时此刻的生日祝福，这便是生命中美好的真实存在。

肾癌乌龙

又要启程回国。

出发前的日子，我便忙着去斯坦福医院，将身体各个器官统统检查了一遍。

一大早，家庭医生来了电话，说我的左肾长了一个二厘米大的瘤，他非常怀疑是恶性肿瘤，因为里面有血管，而且表层硬硬的，所以他要我再做一个CT确诊一下。

当时我的感觉有些蒙，日子过得好好的，咋突然来了这么一下子！

告诉了JJ，他不信！

又给医生电话，医生肯定了百分之五十以上的肾癌可能性，JJ才明白我没有吓他。

　　JJ的第一反应便是取消旅程，先进入检查阶段。

　　我不同意，行程都已安排好了。北京的朋友们还等着我们呢，"白鹿原"的话剧票也已定好。而北京的下一站是成都和九寨沟，林家姐妹们会在那里与我们会合。再下一站是杭州，上海，宁波，还有许多好玩的活动等着我们。

　　行程不改，坚决不改！我坚定地告诉JJ。

　　JJ无奈，立即和医院联系，订了临行前的CT，并让家庭医生第一时间告知结果。

　　看着JJ紧绷的脸，低沉的说话声，我的心好疼。觉得这样的事来得早了些。我都还没有来得及照顾好家人，却让家人来为我担心受怕，我的心里真不是滋味。不过日子还得照常过。跳舞，聚会，吃饭我一样不落，还揣着个坏心情，去美容院种了一双假睫毛，一副没心没肺的样子。

　　晚上，JJ和我一夜无眠，他紧握着我的手，好像随时我会离他而去，我却因他无法入睡而心疼着。

第二天中午，JJ带我去斯坦福医院做CT，一路无语，只是将我手紧紧拽着。

我终于忍不住了。我说咱们先好好旅行，回来后考虑买块墓地，万一我不在了，你可以常来看我，陪我说说话。另外，你照常过好你的日子，再找一个好女子照顾你。我不怕死亡，对了，若结果出来，我要将整个治疗过程以及对死亡的心态一页页写下来，书名都想好了，暂定"我对死亡充满好奇"。

JJ闷声闷气道，说什么呢，乱七八糟的。我不会再找的！没有你的日子，我将浪迹天涯。

CT开始了，整个过程我非常平静。我心里只有对JJ的过意不去，我真的不愿看见他那张沉重的脸。

一下午都在等待医生的电话，JJ甚至不许我给朋友打电话或接电话，深怕错过了医生的来电。

此时我正在整理行囊，将一些好衣服统统塞进了箱

子，心想平时没机会穿，旅行又舍不得，这次就让自己穿个够！

电话终于来了！

JJ迅速抢过我手机接听，不知医生电话里说了什么，只见JJ兴奋地跳了起来，满脸笑容。我知道了答案。

整件事成了乌龙，却让我有机会尽情享受了JJ的关爱，心中感觉温馨无比。

但我心中明白，这次乌龙纯属侥幸，而生活中的侥幸是不可能重复再现的，它其实已给我们敲响了警钟，让我们更加珍惜彼此，珍惜生命，从此学会放慢脚步，去追求生活中真正的美好。

我不自觉放松了整理行囊的四肢，感觉上已经愉快地完成了一次美妙的旅行。

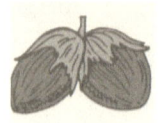

婆媳同心

　　婆婆是个老派人。

　　在家里，我常常开玩笑说，孙子是婆婆的心头肉，儿子是手心肉，我是婆婆手背上的皮。

　　婆婆不同意我的说法，我就半开玩笑半撒娇地一一数落给她听。

　　"那一日，您做虾面给我们吃。好家伙！孙子的一碗面，盖得满满的都是虾，竟看不到底下的一根面条。不知好歹的孙子盯着面碗直抱怨太多虾了。儿子JJ的面里，有着许多虾，但不如孙子碗里多，至少能看见面条了。我呢，满满的一碗面里，用筷子使劲掏，才翻出四五只虾。您呢对自己更抠门，只有两三只虾。"

　　"再有一次，家里买了螃蟹，您煮了分给大家吃。您

掂掂这只，挑挑那只。结果孙子分到的那只最肥，儿子其次，我居三，您排四。"

"平时家里若有孙子，儿子爱吃的，您是决不会碰一下，还不允许别人碰。若我去拿，您会慢吞吞地冒上一句，这都是他们爱吃的。不过我并不听从您老人家，照吃不误，还逼着您吃。不够了，可以再买吧。何必为了少爷，老爷而委屈了自己。"

末了，我问婆婆，你是否也觉得自己太偏心了？婆婆笑笑，不置可否。

我和婆婆论理："您即使要遵循孔孟之道，那也是君君，臣臣，父父，子子，哪有像我们家这样，孙孙，子子，媳妇，婆婆的，整个乱套了嘛。"

其实婆婆十分明理，是个明白人。

每当我没大没小地和她说话，她总是宽厚地笑笑而已，从不辩解，也不生气，但她不声不响，照做不误。我叹

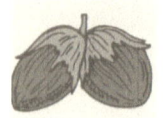

道，姜还是老的辣！

婆婆十分勤快，也十分能干。九十多岁了，记忆不输年轻人，她对数字特别敏感，电话号码都记在心里的。她头脑清楚，办事干练，事情一经她手，就钉是钉，铆是铆，从不含糊。她来美国的日子，总是大小家事一并全包，将里里外外弄得井井有序、有模有样，俨然是一家之主。我呢，天生懒散，不喜家务，乐得做个甩手掌柜。我和婆婆没有厨房之争，在我心里，婆婆不是外人。

婆婆虽然老派，但因从小家境殷实，弹琴、舞蹈、麻将样样会玩，我和婆婆又有了朋友般的关系。

每当我画了一幅画，弹了一首古筝曲，或是跳上一只舞，背上一段话剧台词，婆婆总是我最热心的观众、评委和支持者。她的点评很到位，让我受益匪浅。

有时，我在外面受了委屈，向婆婆倾诉，婆婆就会说，世上本无事，庸人自扰之。让我千万不要为了一点小事而自寻烦恼。

　　婆婆这样教我，她自己也是这样做的。她对人总是很包容，从不说别人的不是，也不和人争这争那。她说话很得体，和风细雨，善解人意，所以，她的朋友特别多。她也很懂分寸，从不在外人面前数落我，还常对人说我心地善良，大方热情，为人真诚，搞得我受宠若惊。

　　婆婆没有什么物质欲望，我们一直想在青岛为她买一个大点的房子，为她改善住房条件，她却觉得住在小小的老房子里已十分满足了。

　　那日，婆婆启程要回中国，临行前，她拉着我手说："我十分了解你，有你照顾我儿子和孙子，我十分放心。因为我看得出来，你和我一样，热爱这个家。我们有这么好的婆媳关系，是缘分。最重要的是，这个家能如此融洽和快乐，是我们婆媳同心努力的结果啊。"

　　同心，往往创造出和谐的境界。

红月亮

中秋。

又见红月亮。

月亮红得耀眼，犹如残阳。

透过窗外，望着红月亮，思忖嫦娥可好。

八月十五的月亮，的确比往日大了许多，也亮了许多。捧一个月饼掬着，像掬着一轮圆月。小时听父亲讲故事的情形，就像发生在昨日，是关于月饼和月亮的故事。

中秋赏月，少了父亲的月饼和月亮的故事，心中落满了无言的清冷。举一杯红酒，怎么也浇不尽心头的缕缕愁思，心中惦念天上父亲可好。

"愁到中秋已无心"，下联独独对不上那"秋"与"心"，才

知中秋是心最易失落的日子。

抚琴邀月共吟，却不知月藏何处。将捂着的月饼切了，不料又碎了月亮，疼了心。

小时，我最喜欢的就是中秋月饼。听完父亲"刘伯温起义""唐明皇游月宫""嫦娥奔月"的故事后，我喜欢揣着月饼独自去小河边，对着月亮，将月饼捂热了慢慢品。边品边和月中的嫦娥欢聊。那时不懂寂寞，只知嫦娥舒展长袖，美丽无比，身边又有吴刚和玉兔，天上人间，花好月圆。

如今，几十载匆匆而过，才知"人有悲欢离合，月有阴晴圆缺"，天上人间，此事难全。

每逢中秋，我定会买回一盒苏式月饼，月饼背上贴着纸条，因为"月圆杀鞑"是父亲最津津乐道的故事。而我对苏式月饼的情有独钟，却是缘于月饼有着父亲的声音和味道，亲切而温馨。

都说中秋节的情绪是最浪漫的，人们会情不自禁地思

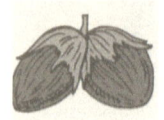

念故土故人。于我，在这样的月夜，许多忘不了的时刻都会悄然而来，犹如中秋明月，一直不断地在我生命中徘徊，在高高的天空上，俯视着我，端详着我，陪伴着我，我知道那里深藏着父亲关爱的眼神。

捧着捂热的月饼，遥望月亮，发现它亮得惊人。我忽然感受到它沉默而小心翼翼的呼吸。刹那间，父亲熟悉的微笑在月空中绽放，那是我日日期待的微笑啊。

五步之遥，必有芳草

画家侯宁

加州首府 (Sacramento)南边竟然藏着一个乐居镇 (Locke)。而乐居镇竟然又藏着一个油画大师侯宁。

这是一个被地图遗落的地方。一百多年前曾经是一个唐人小街。

如今，乐居镇的常住人口据说只有七人。这里虽然年久失修、破败不堪，却泥古不化，安于故俗，有一种独特的风情与味道。

乐居镇不远处是大片大片的梨树园。

每逢春季，梨树便盛开出一片粉白的花海，在花海中央，你不难发现有一个人正拿着油画棒尽情地挥洒，他就是乐居镇常居人口之一，隐居画家侯宁。

我是第一次来到乐居镇，也是第一次见到久闻其名的

画家侯宁

侯大师。

面前的侯宁戴着一个皱巴巴，脏兮兮的牛仔帽，几缕卷曲的长发飘在帽沿下面，一身灰不溜秋的衣裤，整个人邋里邋遢的感觉，只有眉毛之下的那双眸子如星星般干净透彻，仿佛总是在渴望探究生命里一切美丽的奥秘。

侯宁热情地欢迎着每个造访者，不厌其烦地讲解着他的画作及作画心得。

他的画作有许多是花，色泽鲜艳的花儿们在画布上呼之欲出，感觉花儿的香气阵阵扑鼻而来。

他也画人物和风景。

侯宁说画画最难的是色彩。色彩有一度对比色，二度对比色，而他追求的是三度对比色。

阳光里的七色彩，对比越多，光彩越多，而且光波之间反射是以乘法的加倍，也就是说三度对比色比起一度、二度对比色，是乘法加倍的丰富。而对比色又是抽象的，要画

出好画，必须具备一双会看颜色的双眼。

我听得一头雾水，但他最后一句我总算是听明白了，那就是春夏秋冬的阳光色彩会随着气温变化而变化，不同气温下有着非常不同的色彩。他隐居乐居镇四十年，就是为了追求细腻而丰富的完美色彩。

他认为一直以来，画家们画的都是二度对比色，轻易放弃了三度转折空间，为的是求生存，图方便，容易出活，是一种快餐文化。而他已过了生存这一关，他可以随心所欲地挑战色彩，画他心中完美的色彩。

随之，他得意地补充道，他已捕捉到了三度对比色，而且他是世界独创之人。

他说话很直白，这是一种远离世俗的生活表现，因为在那种环境状态里，人会很放得开，很直接，也很纯真。

我又回去细看他画作，虽然我不懂色彩，但我在他的画里却清楚看到了一个衣袖飘飘，披发佯狂，跣足散履，走

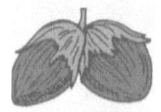

向一座又一座人迹不到的高山险峰的高人，高人的日子如诗一般存在，如火那样热烈，属于现实之外的超现实。

已是中午时分，侯宁又在阳光下挥笔作画了。他的脸上涂满了白色油彩般的防晒霜，看上去有点滑稽可笑。朋友告诉我，他因常年暴晒在阳光下画画，灼伤了皮肤，还得了皮肤癌。

我们招呼他一起吃点东西，他却摆摆手说，他画画时从不吃东西，皆空才能创作。

画画的内容俯拾皆是，可是许多人是看不见，也不懂的。

在侯宁的心中，艺术是高于政治，大于经济的。他说政治是手段，经济是生存，而艺术是大动。

他的语言表达常常有一种孩童般的天真，一般人很难领悟。

这是一种独与天地精神往来的自负？还是举杯邀月的浪漫？或者是独自对话的孤独？

　　他画中的花朵，落下与存留，都以不同的方式完成着自己，而他是否也以某种方式在完成着自己？

　　不然，加州之大，好山好水的地方那么多，为什么偏偏要来乐居镇"隐居"作画呢？

　　我们一行踩着他的足印，在乐居镇小街上逛了一下。一百米不到的小街，我们几分钟便踏遍了。

　　小小一条街，除了一家古老的咖啡店，一家古老的餐厅，一家古老的旅店，一家古老的华人博物馆，一家古董店，便是他的画廊了，他的画廊还不只一个。

　　步入其中，感觉除了挂着的，摆着的，到处层层叠叠堆满了画，彷佛一抬脚就会踩到画，一举头又会碰到画，空间被画作挤得已剩不多了。侯宁骄傲地说，至今为止他已创作了一千八百幅作品！

　　小街实在太小了，也太老了，画廊隔壁的一个木屋感觉随时会倒塌似的，里面竟然还住着人。乐居镇如同一个与

世隔绝的世外桃源。

侯宁的家就在小街背面，那里有两棵高大的桔子树，上面挂满了密密麻麻的金黄色桔子。他家的大门是蓝色的，花盆是绿色的，台阶是红色的，木架是棕色的，还有两只石狮子趴着，很像他的风格，多彩的颜色很亮眼。

一个内心没有色彩的人，是看不到色彩的。于侯宁而言，世俗的许多东西，都只是"存在"罢了，只有心中的色彩才是前行的目标和梦想。

有心观物，万物可见。春华秋实年年循环往复，每块地，每棵树，每朵花都是画，都是诗。阳光下的万物对任何人都不偏心，所以侯宁追求的真正色彩，是出自于他内心深处的一个声音，一种格局，是他审美力和清醒通透的头脑。

我好像有些明白了。

只为一生喜欢，不为世俗所及，乐居镇自有世俗不能及的人品和心胸。

记海归老友张锐

在上海的日子，和海归好友张锐聚了一下。

岁月越走越老，不老的只有记忆中那些年轻往事。认识张锐时，我们只是三十出头的留学生。

张锐是文革后第一届上海音乐学院毕业生，也是文革后总政歌舞团最早最年轻的指挥。我常开玩笑道，若不是共同在美读书打工的经历，我一定只有在电视机前认识他的份。

记得是一个秋天的晚上，我打完工赶着去图书馆找资料。凉风习习，我下意识缩了一下脖子，忽听身后有人唤我名字，回身一看竟是张锐。

张锐在印第安那大学是人尽皆知的音乐家。他毕业于上海音乐学院，师从著名指挥家马革顺、黄怡均、黄晓同等教授。作为指挥，他同李双江、董文华、阎维文等总政歌舞

海归指挥张锐

团著名歌唱家经常同台演出。出国后，每次留学生聚会，他都是中心人物。他最大的特长便是钢琴即兴伴奏，哪怕他从未听过的歌曲，只要别人开口唱，他的伴奏都能跟上，而且流畅动人。他也非常平易近人，谁想凑在钢琴边高歌一首，他总是笑咪咪有求必弹，很受留学生们的欢迎。我去过几次这样的聚会，但总是呆一小会儿便离场，和他不曾真正交流过，所以他能叫出我的名字，的确有些意外。

他告诉我他对我有印象，因为每次聚会我都是来去匆匆，赶集似的。我无奈说："我是文科穷学生，不像理科生有钱，我得打工挣饭钱啊。"他笑着说他也是"打工仔"，在学生餐厅洗碗赚饭钱。距离一拉近，便聊热乎了。

那时我选修了一门钢琴课，斗胆问他可否借用他的琴房练琴（当时他们音乐系学生有专用琴房），他一口答应，还时不时给我一些指点，学期结束，我的钢琴课成绩还得了A+，从此，他便成了我生活中值得信赖的好朋友。

我们常常在一起，JJ也喜欢他。相处久了，知道他不仅

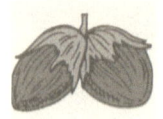

很有音乐天赋，而且蓝球、乒乓球和打牌上也是高手。我们那时真的叫穷开心啊。打完工，上完课后，便凑在一块儿玩球，打牌，畅聊。打牌时，输者还得钻桌底，JJ和张锐常常洋相百出在桌底钻着，还哈哈直乐。

张锐有时会和我说起他生活中的故事。他的童年并不美好，父亲因历史问题被发配到甘肃，病死他乡。是母亲一人在上海拉扯大了他们兄弟姐妹六人。小时候家庭贫困，邻居小孩用瓶子粘上白糖舔着吃的情景，都让他羡慕不已。他从小酷爱音乐，因为家里买不起钢琴，他便在纸板上画上琴键，每日在纸板上勤学苦练，正是凭着这股韧劲，以优异成绩考入了上海市少年宫钢琴班。后他又被下放江西农村，劳作之余仍勤学苦练做他的音乐梦，文革一结束便顺利考取了上海音乐学院指挥系。毕业后他去了总政当指挥，然后顺利出国，在美国名列前茅的Indiana Univeristy音乐系读研深造。

张锐在IU毕业后曾任弗吉尼亚瑞奇蒙士爱乐交响乐团任音乐总监兼常任指挥，也曾在Richmond Symphony任职业指

挥，经常同美国顶级音乐家同台合作。

同时，他在美国还娶了一位漂亮贤惠的年轻太太，是杭州人，两人育有一儿一女，日子过得美满幸福。可生活过于平稳让他心有不甘，一个声音总是不停地召唤着他："回国去，一定要回国去！"

2011年，他携全家返回上海音乐学院指挥系任教。此后我便常常听到他的好消息传来。除任上海音乐学院研究生导师外，他又被厦门大学聘为客座教授。他还经常在全国各地指挥音乐会，还和周小燕的得意门生著名男中音歌唱家廖昌永在上海合作了一场音乐会，让他十足地尽了兴。

张锐曾和我说过一个笑话，说一位中学生选修乐器课，其父为了省钱让孩子选指挥，说只需一根小棍统统搞定，日后指挥犹如千军万马的庞大乐队也将淡定自如。

张锐此生似乎也被一根小棍搞定了。他一生只钟情于音乐指挥，爱无反顾。倘若让他生活在那种缺乏音乐创造性的繁杂事务中，他便会显得十分不安。生活中，金钱和艺术他

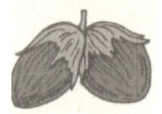

都喜欢，但在金钱和艺术上让他只选其一，那一定是后者。

在上海看到他，觉得他的变化不大，人更显精神了。他请我和JJ与他家人在附近一家餐馆共进午餐。欢聊中可以看出海归生活对他而言是充实而有成就的。他感叹道："回来还是晚一些了，早回国机会会更多。"

饭后，他马上又赶去排练，晚上还要为外地来的学生上个别课，日子永远排得满满的，很少空闲。

望着眼前熟悉的张锐，我发现表面看似安稳平和的他，其实内心永远不安份地骚动着。

2017年，他应邀回美国硅谷指挥大型原创交响合唱《补天》。其中专业作曲家，专业歌唱家再加当地专业交响乐队群英荟萃，着实让他这位专业指挥家在指挥台上尽情释放、挥洒自如，在忘我的音乐境界里遨游了一阵子。

平日少言寡语，温文尔雅的他，舞台上一挥起小棒便判若两人，成了一个激情澎湃，内心燃烧的疯狂指挥家。

　　《补天》演出获得具大成功，而观众一致最叫好的便是指挥张锐。张锐则笑眯眯夸赞是团队每个人的努力。

　　演出前后，张锐就住我家。印象中他排练的时间并不多，临演出三天前才拿到上半场的部分总谱。那总谱上各种乐器的豆芽音符，我看得眼花缭乱，思忖他的一根小棍真正了得，同时可以指挥如此庞大的乐队，合唱团以及四位独唱演员（据了解整个团队有二百多人）。而他身上则看不到一丝丝压力，除了短暂的几天排练，他仍和以前一样，没有架子，没有脾气，热情洋溢地和我们叙旧，兴致勃勃地和我们一起玩牌，偶尔他的同伙出了错牌，他还会急得"唉呀，唉呀"叫着。

　　我知道张锐的生活并不轻松，两个孩子尚未成年，家庭的经济来源全靠他一人承担。目前他是上海音乐学院的外聘专家教授，除培养年轻指挥外，还在国内外各地奔波指挥。而他却道只要有音乐，就感受不到生活之累，这样的生活他喜欢！

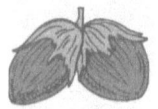

　　"块然独以其形立，纷而封哉，一以是终"。如今的他还是他，因为他已将心安定在了指挥艺术上，故在世事纷繁中，他始终保持着不惑不移，不困不愚的态度，永无止境地追求着音乐之梦，这或许正是他的魅力所在。

海归女友晓娟

一直期待看一场孙晓娟主演的舞剧，没想到2017年在深圳终于如愿以偿。

九十年代在美国认识晓娟的。那时她还是一个寡言少语，欲说还羞的年轻女孩。她有着清纯晶亮，水光流动的双眼，皮肤白皙透亮，嘴唇轮廓分明。每次碰面，她从来都是素面朝天，不饰脂粉，身上散发着一种不刻意的优雅，一种不经意的淡然。

后来，晓娟被中国著名导演陈维亚和编剧赵大鸣选中，饰演了"圆明园"舞剧中的女一号玉儿，从此她回了国，在中国的舞台上大展芳华。

经典大型舞剧"圆明园"十年后，又开始了全国巡演，过去的主要演员都已换班，唯有晓娟仍活跃在舞台上，而且仍

舞蹈家晓娟

是女一号。

在深圳大剧院的舞台上，我被她精湛的舞技和演技深深折服了。舞台上的她，将一个柔弱而凄楚，却敢为爱情献身的玉儿活生生展现在观众面前，让观众为之感动，为之落泪。

又想起那次她和她的夫君余云峰带着儿子鱼儿来美国山宅看望我们的情形，一同的还有晓娟的父母。

晓娟和小余双双毕业于北京舞蹈学院，两人都是舞林高手。

小余已弃舞从商，在杭州创办了一个F2国际卡丁车馆，生意做得风生水起，他已从一个专业舞蹈演员转型为一个成功的商人。

晓娟如今已是国家一级演员，多年在北京歌舞剧院担任首席，后又调入中央戏剧学院舞蹈系任教并做编导。她一边教书育人，同时又坚持在创作舞台上，真的十分了不起，难怪剧组的人都称她为"舞霸"。用她的话讲，多年来因主

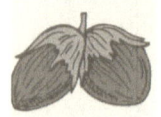

演了多部大型舞剧，颇有心得。中戏便是更好的平台，可供她做教研和创作。

仍记得当时她在我家厨房认真洗葡萄的样子，听着她慢声细语的说话声，怎么看都是个父母的乖乖女，丈夫的贤妻，孩子的良母。我无法将她与舞台上那个光彩照人的她联系在一起。

我好奇问她母亲："当时如何想着要将她培养成如此出色的舞蹈家？"

她母亲告诉我，当时只是见她身子弱小，便送去习舞健身。不曾想晓娟能吃苦也坚持，加上聪颖好学，和舞蹈结上了缘。二十出头就成了国家一级演员，并出访巡演过三十多个国家。

她母亲又说，晓娟主演的大型舞剧就有十三个，诸如《红河谷》里的山妹，《太阳神鸟》中的神鸟以及《碧海丝路》里的阿班等。晓娟的作品连连获奖，从中宣部"五个一工程奖"，第八届艺术节文华大奖，国家舞台艺术精品

工程奖，再到"桃李杯"，"荷花奖"等，就有九项，真是可喜可贺！

晓娟虽已为人妻，为人母，事业如日中天，但清清淡淡的模样一如往常。

古话说，虎行似病，鹰立如睡，深藏若虚，不露锋芒。

而晓娟在我眼里非虎非鹰，她的美是蕴藏于内而不显于外的那种。淡定，沉稳，低调，内敛，却又让人处处感受到她那全身心散发出来的生命热气和跳跃着的明媚，犹如一朵静默中散发幽香和风采的出水莲，有一种"无言之美，韵外之音"的洁净。

舞台在我心中

"舞台在我心中"，这是卢小燕的一句口头禅。

我和小燕在一起，她常常和我念叨她心中的话剧舞台。但见她天天穿梭在公司电话，采购等琐碎繁杂事务之中，我很难想像诺大的舞台是如何装进她生活的空间。

和小燕认识有二十多年了，对她的认识就好像山岩石缝中的滴水一点点穿进我心里去。

最初的印象，只觉得她可爱，率真，单纯。说话从不拐弯抹角，带着些孩子气，偶尔也会蹦出几句颇有哲理的话。印象最深的是她一口字正腔圆的普通话和一双忽闪忽闪的大眼睛，说话好听，表情动人，一问来自上海。

再后来，和她在一起玩过几次牌。那时她已怀孕。身体有些臃肿，挺着个大肚子，仍十分孩子气带劲地玩，仍是

演员卢小燕

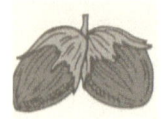

车轱辘话往外倒，一副没心没肺的样子。

一直与她断断续续地交往，更多的时间里彼此各忙各的，几年下来，竟对她的专业和工作一无所知，也从未想到要问。

又见她时，她已抱着襁褓中的儿子出现在众人面前。这是我见过的最漂亮，最水灵的婴儿，不像大多婴儿个个都皱皮小老鼠，丑不忍睹。再抬头看小燕，没了肚子，少了水肿，显得眼是眼，眉是眉，腰是腰。说起话来，精致可人的小脸生动，活泼，漂亮，怎么都瞧不够。我大大咧咧拍着她肩道："小燕，你是个美人啊！"一旁朋友插话："演员能不漂亮！"这才知她毕业于上海戏剧学院，专业是舞台话剧，而且曾在电影"一个和八个"中担任女主角，当时陈道明、张艺谋也在这部电影中初出茅庐。

那时我正忙着办学校，天天忙得灰头土脸，为五斗米折腰呢。小燕已开始参与美国华艺剧社的创作演出了。她将工作之外的精力与时间全投入在戏剧中，一投便是几十年。

　　九十年代末，她请我看过几次华艺剧社演出，印象最深的是"西施与夫差"中她扮演的西施。她在舞台上将西施和范蠡的故事诠释得惟妙惟肖。

　　后来因各忙各的，和小燕一年也通不上几个电话。只知她在华艺干得风生水起，又演又导的，她导的一部话剧"今生有约"在上海人艺连续上演二十三场，用她的话说是"不务正业"。其实在美国这很正常，闯荡江湖闯到最后，原来的专业成了副业，谋生成了正业已是家常便饭。不久后，又听说她原创编剧"Go　shopping"在中国得了奖。再后来她又干脆写起了小说，还陆续发表在《小说界》《小说月报》等杂志上。

　　岁月蹉跎，不知不觉我们都已到耳顺之年。我们又开始频繁联系了。每次欢聚畅聊中，她的话题仍离不开舞台。我仍能深深感受到她内心深处对话剧艺术的喜爱和坚持。不知不觉我们开始拥有了一个共同心愿，那就是将硅谷的故事搬上舞台。

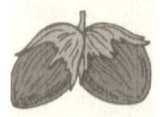

　　2017年我接手了华艺理事长一职。从此我俩便成了"与之同袍，与之偕作，与之同泽"的战友，在华艺的话剧舞台上并肩作战。

　　一个偶然的机会，我和小燕与湾区知名作家陈谦相遇，共同的理念让我们携手同行，将原创话剧"爱在硅谷"搬上了舞台（"爱在硅谷"是根据陈谦的长篇小说《爱在无爱的硅谷》改编而成的）。

　　从创意到策划，从排练到上演，整整经历了三个年头。在创作过程中，我以策划及制作人和小燕合作。而小燕集编剧导演于一身，大胆启用没有舞台经验的工程师为年轻演员，并实验性地在舞台上第一次使用了电脑灯。除了剧本原创外，小燕还要求音乐原创，舞蹈原创，演员AB组，她铆足了劲地干上了。因为是第一次合作，我心中无底，我所能做的只是动用个人资源，和在资金上全力支持她，但结果如何，我俩心中都无数，而小燕承担的压力无疑比我大得多。

　　最后的紧锣密鼓的排练、宣传、推票，将团队的每一

个成员推上了风口浪尖，每一个环节都不容出错，整个过程中，大家团结一致，勇往直前。而小燕在整个导戏过程中的沉着冷静，不急不慌的大将风范，令我刮目相看。

"爱在硅谷"终于在观众的掌声中圆满落幕了。小燕的努力和付出终于有了回报。她的艺术才华得到了观众的认可，我悬着的心也因此落了下来。

于我而言，玩过一把，有了交代，急流勇退或许是最好选择。不料小燕坚持不让我卸任。她说，在文化的沙漠中行走很难，需要各路能人，凝聚各种力量。个人名声对她而言真的没有意义，只是想在有生之年做些有意义的事。比方说在高科技的硅谷开垦出一块话剧艺术的绿色天地。

我无语，觉得做这种选择不是缺心眼就是有点"病"。但从某种意义上说，有"病"就对了，在湾区搞话剧又是一个业余团队，不被正常人视为"魔症"才怪呢。

苍穹做弓，人生为弦，让魔症拨动躯体飞扬出美妙的旋律，这或许就是艺术的魅力，也是小燕心中真正的舞台。

追梦人星星

　　她的小名是莘莘。可我总念叨成"星星"。因为在我心里,她就如那天上的星星,闪亮却不灼人。

　　其实认识她时,我们都还是懵懂无知的黄毛丫头。因我大她三岁,她又格外文静寡言,故小时在她家跑进跑出时,都是因为和她的大姐二姐有关系。又因她二姐仅小我一岁,年龄相仿,所以走得最近。和莘莘仅仅是一个点头,一个微笑的关系而已。

　　只记得她当时住在杭大宿舍。每次去她家,最吸引我的便是她家客厅里高高的塞满各类书籍的书柜。她的父母都是杭大教授,父亲曾留学苏联,且才学横溢。母亲温柔美丽,喜好文艺和集邮。她的家永远弥漫着一股浓浓的书香味。

　　而我住在省委宿舍,周围环境多半是父母泥腿子出身

追梦人星星

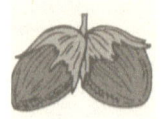

的，家中除了毛选、马列著作，别无选择。因此她的家我去得最勤，在那里我可以享受文学的味道和逐梦的氛围。

从我家去她家，操近道必须途经一个国民党八十八师将士墓地，还可窥见年久失修的石棺里躺着的白骨。奇怪的是，即使是晚上借着月光经过那里，心中也无丁点恐惧害怕，只充满着去她家读书欢聊的期待和兴奋。

我和莘莘从初中、高中到大学都是校友。可我真正对她有了印象，却是在大学时代。

那是一个初春的傍晚。校园充满着花香和青春朝气。我在校园里漫步闲逛，在化学系楼前不经意撞见她。她长发披肩，白色衣裙，亭亭玉立，秀丽文静得像一株清纯的小百合。招呼之余，我惊觉这文静的小姑娘怎么转眼出落得如此标致，还有了一种淡然自若的美。

大学毕业后，我们前后出了国。再见她时，她已在名校哈佛读博士后。哈佛校园有着迷人的红砖房和阳光笼罩的大树。置身于其中的她，已非当年见人便躲的害羞小姑娘

了。名校的熏陶，让她显得大方得体，自信从容，却不带任何一点矫情自傲，和她相处感觉十分舒服。

那次见面不久，她应聘去了新泽西一所大学当教授。我去东部玩时，曾顺路去她家拜访。那时她刚买了房，育有一儿一女，当年的小姑娘已为人妻、为人母，还在学校当了系主任。

近日，因浙大校长一行来湾区，莘莘也从东部飞了过来，还在我家住了几天。欢聊之后真有士别三日，另当刮目相看的感觉。言谈中，我得知她近十多年来，潜心研发了几种新药，主要是糖尿病及抗癌方面的，并有了几项专利。为此她创立了她的新药研发公司，已经吸引了众多投资者。她还悄悄告诉我，加州三个馒头（Sacramento）的一所医科大学已聘请她为常务副校长，她还未签约。这次和我的见面，让她心中加了分，她准备接受聘请了。

接着她又告诉我，她住我家的这些日子，还收到她科研获奖的通知，四月初会有一个颁奖典礼。她真是喜讯不断

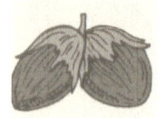

啊！而来加州任聘的消息更让我喜出望外。我不仅为她骄傲，而且也为身边又多一位发小好友而由衷地高兴。

莘莘致力于教学科研，却不迂腐呆板。她喜欢弹琴唱歌，喜欢写小文，也热衷于社会活动，对政治的关心也有一定深度。据说她的政治论坛微信群里，她是唯一的女性。她还喜欢炒股，在我家住的日子里，她一大清早就守着电脑，买进卖出，而且分析起股市头头是道。她更是一名运动健将，排球是她的长项。她得意地告诉我，当年她曾是大学排球队的，常拿冠军。练球时常有一拨拨男生在旁陪练，显然是醉翁之意不在酒啊。

看着莘莘，我心中不由思忖，她的优秀究竟属于哪个层面？

如此优秀的莘莘，始终保持着她的温柔、善良、细腻和善解人意，没有一丝一毫的霸气、学究气和自以为是，怎么看都是当年我那可爱的邻家小妹。

梦和虹的故事

　　那天，梦和虹从印第安那州赶来湾区参加他们小女儿在柏克莱大学的毕业典礼，顺道也来看望我们这些阔别二十多年的老朋友。

　　梦是南京人，但在广西长大。虹是广东人。梦有着广西人的热情奔放，虹又有着广东人的纯朴厚道。俩人在一起时，常常斗嘴，而赢家永远是梦。

　　这一对夫妇是我和JJ在 Indiana University 读书时的好朋友，曾经为了省钱合租过一个公寓，也为了饭钱在同一个中餐馆打过工。

　　这是一对相当有趣的夫妻档。每回这对夫妇在朋友聚会露面，场面便会欢快热闹起来。

　　这次朋友聚会，旧景重现。

只见饭桌上梦神采飞扬，快人快语，一如既往，喋喋不休地"数落"着虹，她那一串串的舌粲莲花，数黄道黑的话语，不停地引起四座哗笑。而虹根本不是她的对手，只能金人缄口，充耳不闻，低头吃饭。一旁的朋友们一致笑说梦又在"欺负"虹了。

而梦则红着俏脸嚷道："你们都被他的老实相蒙蔽了，他才不是这样子的！记得上回我去理发店剪了一新发型，心中挺喜欢的。便得意问他如何？他竟然回答难看！我说汽油涨到一块九毛九了，他偏纠正是两块！请美国朋友来家吃饭，我包了一天饺子请客，美国朋友问这是最高规格吗？我刚想说yes，他却抢先说No。还说最高规格是鸡鸭鱼肉，美国朋友听了眼珠子都掉了出来，我是恨不得钻地缝。有次开会，我在上面发言，他在下面当众纠正，我又不好发作，只好一直做着深呼吸。"梦一边说，一边两手臂在胸前一伸一缩夸张地做着深呼吸状，引得在场的朋友们又一次前仰后合大笑不已。

　　笑毕，有朋友突然想到问梦是否数学系的俊最近去过IU，梦回答："是的。他去参加一个会，只一天时间。"一旁的虹闷声闷气纠正道："你说得不对吧，是两天！"梦马上大叫："你们大家看到了吧，我说什么，他都要和我唱反调。俊是下午去的IU，第二天中午离开的，能算二天吗？若我说是两天，他又得纠正说是一天了。"大家又是一阵哄笑。

　　其实梦和虹是一对欢喜冤家。他们双双毕业于广西大学外语系，还是师生恋。后又一起留学美国Indiana University。梦从语言专业转向了心理专业，虹则从语言专业转向了电脑专业。如今虹在IU做电脑工作。梦呢，在虹的大胆建议下，辞了先前医院的工作，自己开起了心理诊所，在当地渐渐有了些小名气。

　　梦和虹一路走来，一路欢笑。虽然平时吵吵闹闹，在我眼里则又是一种爱的表达。

　　我看见梦一边数落着虹的点点"不是"，一边送去充满爱意的眼神得意地说："他是无法和我争辩的。我心里头

记的大小往事，他都不在脑子里。已有朋友建议他准备一本记事本，将我的小事一一记录以备口舌反击。"

在一旁的虹，慢吞吞地埋怨道："她这人就是这样，整天罗列各家丈夫优点让我学，最好我样样能干，样样拿手。只差一样没让我做，那就是生孩子了。"眼神口吻却透着温柔和呵护。

家庭犹如一汪湖水，经常会有风吹草动，扰乱平静。

夫妻之间相依相守，自然相知得也多了。而相知越多，彼此就越难有从容的体谅。生活中常常看到一些夫妻会为一件不相干的人和事，发起剧烈口角而打得不可开交，长此以往家自然就成了夫妻关系的囚牢。

而梦和虹却不然。他们深知家的疆域，从不越雷池一步。

对梦而言，她非常清楚打闹玩逗之中，有哪些不同的兴趣和特殊的禁忌。真正碰上敏感而伤人的话题，她会明智

地后退，以便维护家庭的和睦共处。

　　而虹对无伤大雅的争论，能避让就避让，能迂回便迂回，对生活中的小摩小擦，采取鸵鸟态度，明智地腾挪躲闪，以求家庭的共存异。

　　而对共同感兴趣的家庭大业，他们又携手同盟，和谐地调整家庭的内政外交，将家园打造得繁花似锦绿树成荫。

　　有人说家的疆域是可以渗透，可以磨合，可以扩展，可以融会贯通天下大同的。而这是需要时间的，也许一生一世。而涂抹疆域界线的橡皮，只能是爱了。

　　我仿佛看到了梦和虹的手中正紧握着这样一块神奇无敌的橡皮。

山脚下的"农夫"

　　九月是收获的日子。收获果实，收获友谊，收获喜悦。最大收获是去了两趟大王农庄，和一对有趣的夫妇吃了两顿农家饭，并从他们这里收获了五只呆头鹅。

　　这对夫妇七十出头，经营农庄已有二十二个年头。

　　而我认识男主人时，他的身份是美国加州银行的总裁。因为亲近大自然，喜欢返璞归真的生活，除了管理银行之外，他和太太经营起一个农场。在一片荒芜的土地上，开垦出一个果园，圈养了许多珍奇动物，叫上名的有emu、驼羊、黑天鹅、孔雀、迷你小猪、黑山羊、皇家火鸡及一大群鸡鸭鹅们。

　　他们毅力超凡，精力过人，凭自己的双手挖水塘，布署灌溉系统，剪枝施肥，培育果苗，繁殖畜牧，硬是在这块

土地上打造出兴旺蓬勃的生机。

　　二十多年来，男主人除了照料农庄，每天还要五小时车程往返旧金山银行上班，女主人则在家中潜心写作，内容都是有关农庄故事的，书中将两人的农庄生活描述得有滋有味，趣味横生。

　　和他们相处是开心而自在的。每次去农庄，坐在葡萄架下，品尝女主人的农家饭，别有一番滋味。尤其和他们交谈，他们的率直、风趣与幽默常常引人开怀大笑。

　　男主人不服老，从不说自家是老俩口，而是以小俩口称谓。他说人老了，会屁多，尿多，话多，言下之意他们没有这些毛病。而一旁的女主人则打趣他吃了乡下饭，尽说乡下话。

　　我看着满地自由漫步的孔雀，问它们会飞走吗？男主人回答，这里有它们英俊的老公，美丽的老婆，可爱的孩子，不愁吃喝，又有狗狗的守护，为什么要飞走？

　　我又看见三只火鸡，问能孵小火鸡吗？主人答道，就因为二只公一只母，造成了交配困难。因为两只公的为争夺交配权整日打架，搞得母火鸡兴味索然，干脆离它俩远去了。男主人称那两个家伙为王八蛋。

　　他又指着迷你小猪说，这些母猪刚来时，可爱又漂亮。下了几次猪仔后，就荒腔走板，身材走样，面貌丑陋，惨不忍睹了。他还强调动物只能喂素食，若给荤腥，它们就会吃自己的宝宝，这是万万不可以的。

　　看着他精心照料的黑天鹅、emu和山羊繁殖出的可爱的后代，又见每种动物、每棵果树，他都能一一道来，一问方知他毕业于台大畜牧业系，在美国又念了畜牧业硕士，是真正经营农庄的高手，而银行总裁头衔只是子承父业，心并不在那上面的。

　　他开玩笑道，当时以为自己活不久便开了这个农场，如今二十多年了，自己却仍好好活着，言语间无不透着得意和知足。

　　想当年，买下这块土地时，草有一人多高。太太让他手举香火，绕着十亩地行走，口中还得不停念叨"阿弥陀佛"，邻居都是当地农民，差点视他为精神病人。

　　问他为何选择了这块土地而不是其它，答只因天边月亮离得好近，让人舍不得离去。

　　一旁的女主人缓缓地补充道，这是他们年轻时共同拥有的一个梦，梦中他们有一块土地，土地上有一座小小的农舍，然后真正脚踏实地，过向往的田园生活。如今梦想成真，农场从无到有，树木长大，花果丰实，鸡鹅羊鱼，新生代代，日子过得非常新鲜而平实。

　　二十多年来，他们精心守护打造着这片家园，远离尘嚣，心无旁骛，只为心中那一份快乐，那一个梦想。

　　在他们心中，大自然是平和的。虽然为了求生存，大树会压迫小树，大根会缠住小根，自生自灭；动物之间不时打斗残杀以求生存，但除此之外，互不干扰，尚可共存。不像人类，贪心自私，强取豪夺，种种恶行，远不如草木禽兽。

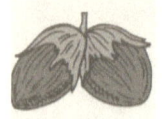

　　望着他俩布满的霜鬓，问及今后的打算，男主人说，没打算，哪天没了，就烧成灰洒在大地便是。

　　他说年龄大了是有些力不从心了，以前用枪打偷吃果实的松鼠，一枪一个，如今得五枪一个了。然后哈哈大笑，笑完后怅然沉默。

　　是啊，活着活着就老了。

　　曾读过一句话：纵使尽一切努力，也无法阻止一朵花的凋谢，那就好好欣赏它的凋谢吧！

　　活在劳作，活在乐趣，活在承担，活在凋谢。一心一境，承担过程，便是如今他们生活的全部。

纽约来的母女

从纽约来我家玩的一对母女，是有几十年交情的家庭好友。

母亲是JJ的忘年之交，整整大JJ十个年头。而女儿则是我的忘年之交，整整小我二十二岁。

母亲满脸岁月沧桑，女儿一身阳光自信。比较之下，我不能不感叹岁月无情，青春无敌！

已是七十出头的母亲，一和我们聊天，就刹不住话闸。

她说她在国内教孩子们钢琴，生活过得充实又有意义。而一来美国，水土就不服了，生活无法适应，骄傲的心也开始无处安放。住的是女儿家，帮忙做事总感觉自己主人不像主人，保姆不像保姆。又是无嘴（不会英语），又是无脚（不会开车），那日子过得真是没意思。

　　她又道，在国内她处处受尊重，一到美国，连小保姆都敢没大没小教训自己。说起小保姆，那母亲又来了气。她说她教女儿如何过日子，而小保姆却说这是他们的生活，让她还是不要插手好，真是翻天了。

　　说到洋女婿，她倒是一口赞美，说是洋女婿事业有成，又懂礼貌，也孝顺，还给她零花钱。为了能与丈人和丈母娘沟通，专门还去修了中文课，现在已可以和她简单中文交流了。

　　她也十分疼爱一对混血外孙和外孙女，更偏爱外孙，言词之下有点重男轻女。但她不承认，借口外孙女不愿讲中文。

　　提起她的老公，她说那只是一个关心国家大事，不关心家庭小事的男人。一直以来，家里大小事务都是她一把抓。所以习惯了掌权的她，到了美国一下找不着北了。

　　出身书香门第的她一直心高气傲。她的太公曾任香港大学校长。舅公是研究中国文化著名的北大五马之一。外公又是茅盾（沈雁冰）的大学同学。父亲是上海某银行的高级

职员，还担任过国民党的参议员。她为她的家族感到骄傲，也为其家族背景在文革中带来的灾难而深感悲哀。

她是家中独女，儿时集万般宠爱于一身。她浪漫而有理想，喜欢钢琴，对肖邦，舒伯特的作品情有独钟。她酷爱读书，中国古典文学及外国名著都曾一一浏览。

可是不幸遭遇文革。因为家庭成份不好，在学校想弹一下钢琴，遭来的是一顿恶骂。想上大学，却被发配到工厂。她心高，她委屈，她无奈，她有太多太多的梦想付诸东流。所以，当她有了一个女儿时，她发誓要将她所有梦想在女儿身上得以实现。

为此，她含辛茹苦教养着女儿。那时，她和丈夫两地分居，她即要照顾年迈的父母，又要独自抚养年幼的女儿。能干好强的她勒紧裤腰，省吃俭用为女儿买了钢琴。一边霉豆腐，一边贝多芬。从女儿小学，初中以至高中，她没有看过一次电视，没有进过一次电影院。她盯着女儿练琴，写作业，无一丝一毫的马虎，女儿的成功已成为她

生活的全部意义。

　　终于虎妈式的教育开始有了回馈。女儿钢琴比赛得了三个第一，风光地去日本巡演。后又顺利被清华、人大录取，女儿选择了人大。随后又被保送去复旦读研。最后出国，在美国哥伦比亚大学读书。毕业后在竞争激烈的华尔街谋职。后又嫁入了金融世家，洋女婿也是华尔街的成功人士。如今，小两口育有一儿一女，日子过得风生水起，有声有色。在国内的朋友圈和左邻右舍的眼里，她是一位十分成功的母亲。

　　按理说她该心满意足了吧，可她还是不满意。

　　她女儿悄悄和我说，她的母亲在美国并不快乐，因为对女儿的生活方式看不惯，便处处要插上一手。

　　她嫌女儿女婿乱花钱，洋女婿买的成套餐具她偏不用，非要用上她在唐人街买的碗筷凑合着用。她认为自己头脑清楚，所以宁可被广告忽悠骗去买股，也不咨询一下金融专业的女儿女婿。她已七十出头，却总想介入女儿的美国生

活，继续当家做主。她常常在中西文化中矛盾纠结，既怀念国内被人羡慕尊重，当家做主的生活，又舍不得美国含饴弄孙的天伦之乐。因为调整不好心态，她的抱怨声日益增多，这让孝顺的女儿有了难言的压力和苦衷。

曾经读过一篇文章，将母爱分成初级和高级二个阶段。母爱的初级阶段，其实是盲目的自怜自恋。母亲并不尊重孩子，无法界定孩子是另一个完整独立的个体。所以往往将自己的感受和期望，强加于一个与她完全不同的人身上。这是一种糟粕与精华并存的原始状态。而母爱的高级阶段，则是母亲高度尊重生命的个体之间差异，高屋建瓴地完成与孩子的分隔，从而帮助孩子走向灿烂和辉煌。这种境界，是很难天然达标的，需要一个母亲不断地修炼与学习，才能真正完成母爱的升华。

由此我联想到了人生的与时俱进。我对与时俱进的理解便是什么年龄做什么样的事。作为女人，年轻时读书创业，成家后相夫教子。步入老年，该歇息就歇息，该享受就

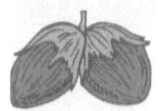

享受，做自己喜欢做的事，和自己喜欢的人在一起。老去的女人最重要的武器不是掌控儿女，追逐所谓的成功，而是拥有那种能刚能柔，能进能退，能大能小，能内能外的智慧。只有这样，无论走到哪里，都可以拥有一颗自由的心，都会真真切切地拥有自我。

放飞儿女的过程，也是放飞自我的过程。我想这位倔强骄傲的母亲想明白了这一点，总有一天会在美国这块土地上，寻找到属于自己的真正快乐。

悼友人王立

　　王立走的那些日子，我每天都恍恍惚惚，叩心泣血。从早到晚，满脑都是她的影子，她的笑语，她的尖锐，她的不屑，她的聪慧……

　　我、小燕和她都是同龄人，都属鸡。小燕毕业于上戏，影视话剧通吃，王立出生书香门第，是沈从文的侄女，曾是一名高级翻译，而我从事的则是教育事业。虽然我们的人生阅历及家庭背景迥然有异，但并不妨碍我们常在一起小聚欢聊，八卦人生。感觉一起相处时，彼此很轻松，很自在，也很真实，没有一点逢场做戏的做作。

　　印象中的王立属于那种热爱生活，悟透了人生却并未彻底放下的，正因为这样，她骨子里常常透着孤傲及理性、尖刻与包容、热情又冷漠的矛盾态度。

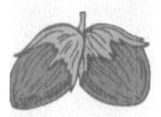

　　读书是她一大喜好，家里除了书还是书。许多书在别人眼里深奥难懂，晦涩不堪，她却甘之如饴，津津乐道。一般的文学作品，她从来是不屑一顾的，即使身边朋友写的文字，她也很少捧场。她会说这世上好书多了去了，犯不着浪费时间去读那些俗物。

　　此外，她喜欢唱昆曲，画些无师自通的抽象画，和玩扑克牌。

　　王立的昆曲唱得有韵有味，眼神诉说着心曲，指尖轻轻一划，细腻传神，那腔调着实让人看得入迷。

　　抽象画画多了也有了她个人风格，刚毅流畅的线条，灰不溜丢的调子，让人费解的内容。

　　每周的牌桌活动，她都坚持不懈地出现，技巧也属高手。牌桌上，她常常妙语连珠。比如，有人犹豫着要不要出牌时，她会笑着暗示："苍蝇腿也是肉啊。"那人立马打出了那张牌。也有人在牌桌上因为牌友出错牌而着急发脾气，她会不痛不痒地说上一句："发脾气也是要有本钱的哦！"那人

顿时消了脾气。

她喜欢交友。与人相处时，她温和，热情，但不失棱角，有时甚至会让人难堪。记得有朋友告诉我，有次她生病了，朋友便煮了好吃的，大老远的送上门去，还未寒暄上几句，她便一句客套也没有，下了逐客令，估计她是累了。

生活中的她从不看电视，也不上微信，小日子过得清淡，却又简单讲究。

每次去她家聚会，她会十分专注地烹饪，摆上桌面的一碟一碗，一看就是精心搭配过的。常常一块微不足道的小点心，她可以如数家珍，细细描述，让我不由地联想起汪曾祺的散文"豆腐"，内容细碎但又很有趣。

我们在一起除了享受美食，更多的是聊文学艺术和八卦新闻，大多时候都是她在说些新鲜事儿给我们听。我们则常常视她为哲人，将生活中碰到的大小事向她请教，她总是分析得面面俱到，让人心生佩服。她偶尔会蹦出一句："永远别把自己当回事！"初时，我并不在意这句话，可许多年

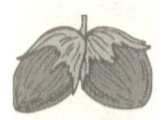

过去了，发现这话对我的影响还挺大的。

小燕创作剧本时，最喜欢找她商量讨论，但也最怕她的翻脸无情。她俩常常合作到最后，因意见不合而分道扬镳。作品虽然完成了，并且成功上演，但她会坚决拒绝署名，但这并不影响她俩的感情。

只知道她做了化疗，聚时问她，她却轻描淡写一笑而过。我们看她的状态极好，因此从未往坏处想过。

直到一天，小燕给我打来一个电话问："王立没了，是真的吗？"惊得我头皮发麻，不敢相信！下意识打电话给王立，竟然还通，只有录音留言。我留了言，希望这只是个乌龙，希望一会儿她的声音，又在我手机中重现。

希望终究落空了！

她在那个周四的傍晚静静离世了。

想起来了。这么多年，她总说她还有例假。我想着大多女人在这年龄早更完了，开玩笑说她是老妖精，她听了得意地哈哈笑。不曾想她一拖便是十年，找医生看病时，已是

子宫癌晚期。她却一直瞒着我们说不曾有癌，化疗只是为防止癌变。我们这几个医学小白就这样被她蒙了。

我很想知道她在弥留之际会想些什么，对生命的留恋？对生活的无奈？还是她根本不在乎了？或许生活早就教会了她人生的残酷和无情。

只知道，在最后的日子里，她活得勇敢而孤独。她拒绝朋友的探望，拒绝去医院，拒绝进食，只允许儿子和一个护士在身旁。她最后的遗愿就是将她的骨灰撒到大海里。

小燕不理解，难过得一个劲儿问我，为什么最后的日子，她不让我们陪伴左右？

我想，王立或许更愿意给我们留下一个美好的印象，而不是一个骨瘦形销的病人样，即使走到生命的尽头，她也要保持冰清玉洁的尊严。

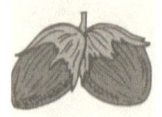

风雨忆故人

那天，山中下起了暴雨，其中不时夹杂着阵阵狂风，那风儿尽情地弹拨着飘泼雨丝，树叶为风唱起了一首思念的歌。

我伫立窗前，细细聆听，歌声捉着我的心思，一并收进了朦胧雨丝中。

眼眶忽然湿润了起来。

一个故人伴着狂风暴雨飘摇进了我的脑海，温馨而亲切。二十年多年前，我和JJ与他的关系仅限于打工友。印象中，他瘦弱矮小，操着一口地道广东方言，三十出头，却已满脸沧桑，属于那种朝九晚五的打工仔。

我和JJ当时都是刚到美国印第安纳大学的穷学生，除了拼学位，课余就得去中餐馆辛苦打工挣饭钱。因他

一个转身，便成永诀

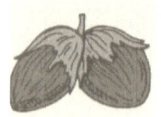

和JJ同姓，大伙儿便称JJ为"小林"，称他为"老林"。

老林是中餐馆老板的姐夫。但在餐馆打工苦熬的日子和其他员工毫无区别。那老板长得清秀，斯文，却认钱不认亲，脾气还十分暴躁。员工不小心犯了错，他便恶言相骂，尤其对穷学生，为他打工就像得了他多大的恩赐，犯点小错就扣钱，一副锱铢必较的样子。JJ干活快又利落，平时并不多言。一次因实在看不惯老板的霸气，挺身为受欺负的同胞打抱不平，和老板冲撞了起来。气头上的老板抓只盘子飞了过来，是老林上前推开了JJ，才躲过一劫，从此老林和JJ成了好朋友。

老林同情我们这些穷学生，更欣赏JJ的仗义执言，平时对我们格外地关照。看得出来，他是在用他极有限的能力尽最大力量帮助着我们。

记得也是一个狂风暴雨的日子，一封家书带来了JJ父亲身患绝症的消息。我们心急如焚，凑足了一张机票钱让JJ只身回国看望病危的父亲。老林听说此事，二话不

说，从兜里掏出几百美金硬塞给我们。我们推辞不了，只好含泪收下，心中明白那可是他挣的血汗钱哪。

后来老林举家去了纽约打工，我们曾去纽约看望他一家。他见到我们，高兴得不知说什么才好。记得当时他一家三口挤在一个小房间里，屋里陈设十分简陋。但他为让我们省钱，硬打了地铺让我们住他家。第二天，还兴致勃勃嚷着请我们吃广式早茶，我还纳闷喝茶怎能果腹？那是我第一次饮广式茶，精美的各式小点心让我领略了广式美食的丰富多彩。

以后的日子，我和JJ常常会想起他，虽然他没有什么文化，日子过得辛苦又清淡，但他却有一颗金子般善良的心。我和JJ约定，等我们创业成功，一定要好好回报他。

我们的生活终于有了转机，却怎么也拨不通他的电话了。费尽周折，才算联络到他的家人，却被告知他已积劳成疾，告别了红尘。

这个世界就是这样，有些事，有些人，你以为总是能

再做、再见的，可是一个转身，人、事已不再，从此便成永诀。

人和人的机缘怎会如此阴差阳错？总以为无缘的人，才会彼此错过。不想明明有缘的，却还偏偏错过。一直心里想着的人，回头寻找时，却又消失不见了。

大雨倾盆，蹉跎了时光，在风雨的哀歌中，我只能苦苦思念那一段情感，那一段时光，却无处追寻他的身影。

我的"潮"生活

学画记（1）

　　闲时无聊，重拾画笔。不料，一拿起笔，就停不下来了。早些年曾上过几次画画课，不知为何就是没上过心，

　　每次上课都是打酱油，画画停停，停停画画，从未好好坚持过。数了一数，以前练习的画，竟然没超过十五张。

　　现在没了老师，却劲头十足地画了起来，鸡蛋，苹果都画不好，就操笔临摹人像画，不为别的，只为画人像感觉很酷！

　　开始临人像，画出来的就是个鬼。结构，明暗，造型都是问题，百分之百的零基础。

　　那天去余春明老师家做客，在余老师家院子喝茶吃点心，茶是龙井新茶，点心是余老师太太文瑾亲手做的美食，配上雅致的茶具，心情一下舒畅无比，毕竟是画家雅院，四

我笔下的小外孙

2023.4.16

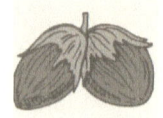

周充满着生活的乐趣。看着院子各式鲜花开得欢畅，我顺便聊起了画，并拿出几张练习让余老师过目，言辞显得迫切又很不自信。

我一直非常喜欢余老师的画，也收藏他的画。他画的民居，枯树，山水，无一不表现出东方人的质朴与空灵。据说他每次回国，就跑去各地山村写生，哪里有好景致就在哪里停下，只要他愿意，绘画创作就是他生命中一处丰饶而美丽的园林。

余老师和我，亦师亦友，虽然他是大师级画家，学问极高，但他为人十分谦和，与他相处我没有压力。

只见他看了一眼我的几张练习，顺手去房内取出一本画册，说我可以借鉴学习。我一翻，里面乌压压的线条，看得我眼花缭乱，有许多还是画家的自画像。余老师说，这是美国非常著名的画家Jim Dine，他的画风自由，轻松，随心所欲。余老师说我可以学习他的风格，随心所欲地去画自己喜欢的。

这些画界的大师们在我眼里就是一座座不可攀越的高山，对他们的高度，我只有羡慕和尊重的仰视，而对自己要求不高，在山角下小玩怡情就足矣。

余老师知道我喜欢学画人物素描，他拿了一张纸，一支笔，边画边和我说，画人物并不难，头是一个圆，眼睛就是两个圆，鼻头又是一个圆，再画上嘴，明暗调子一铺，画面自然就出来了。他草草画了一下，强调说画画要看整体，观察画面的各种关系，不要停留在细节，否则肯定无法画好。我仔细聆听，好奇地看着余老师笔下一分钟不到就画出的线条，虽然不成型，但这种深入浅出的教法，瞬间让我感觉人像素描原来是可以这样画的。

回家赶紧用余老师教的方法试着临了一幅少女图，很快一个少女头像就在笔下浮现了出来，直觉告诉我，余老师的指导很有效。

我开始临摹了一些人头像，用微信发给余老师看。余老师每次都认真回复，他不会告诉我怎么去画眼、鼻、嘴，

但他会指出我的造型与结构问题，让我找书看，自己去理解如何解决问题。

随后，余老师夫妇带着两个外孙女上山宅看孔雀，余老师又热心地给我讲起了画。他让JJ当模特，拿起笔和纸，"刷，刷，刷"，十分钟不到，寥寥数笔，一个极模糊的人像跃然纸上，一看便知是JJ。

余老师说，造型就是抓特点，有人很远走过来，虽然看不清面目，但一看便知何人，画人像就要这样去画。我又上了一次生动有趣的画画课。

余老师建议我多写生，可画照片，也可对着镜子画自画像，并让我将他画的JJ轮廓图完成。

我没敢在余老师的草图上动笔，但遵循他的指导，我画起了写生以及小外孙照片，这比临摹难度大多了。

余老师还建议我临尼古拉·费欣的素描头像。他主张成人学画要画出自己的个性和特点。他让我学习费欣素描线

的灵巧运用以及线与面完美结合的特点。

开始临费欣的画，真的不好画！必须要一边思考和理解，一边临摹。但临摹中我非常陶醉于他的画作，他的笔触之简约细腻，线条之流畅优美，结构处理之巧妙，以及人物神态的各异，很有味道。临摹过程中，感觉自己画画就是个小白，但我的学习空间会非常大，这是我喜欢的。

回想起余老师对我说的一席话，学画一定要搞清目的是什么！若画着玩，慢慢画便是。但画得好些、像些，这不是目标，任何人只要堆上时间都可以做到。学画画，技术标准只是之一，最重要的还是要理解大师画作中的精髓和对秩序的把控。要通过习画，去训练眼力，还要多去博物馆，多看大师们的画作，提高艺术的鉴赏能力。画画绝不是单一的技术活儿，是一个综合能力的训练。你只要具备了对绘画秩序的把控能力，今后无论怎么画，简单或复杂，都会是经典，这才是学画的真正目的。

我好像有点明白余老师的话了。

学画记（2）

六月是紧张而忙碌的。

我参加了方云华老师为期二周的暑期人像素描强化班，痛痛快快过了一把学生瘾。

每天九点至三点半，和一群高中生在一起，紧张而有序地学习画画。

每天六小时课，除了中饭半小时，下课后还有一堆功课，累得趴下，心却快乐着。

方云华老师毕业于中国美术学院，那是中国数一数二的美院，也是许多艺术学生最向往的大学。他也曾编写出版过许多绘画书籍。

其实我很早就与他认识，也曾上过他的成人绘画班。当时交了一学期的费，却只上了两堂课，不折不扣地打酱

油，现在想想都惭愧。

那两节课我印象中就是画了一个鸡蛋，因为不懂素描，以为蛋要画的越黑越好，一边画一边觉得十分无聊，然后就放弃了。

这次参加方老师的素描强化班，才知画蛋很不容易，学画必须要先学好画蛋，因为这是熟练手法和笔法的基本功。

方老师在课堂上十分励志。不只一次向学生讲述达芬奇画蛋以及冒着生命危险偷了三十多具尸体解剖、做笔记的故事。

方老师常教导学生，偷懒是人的天性，只有努力克服，勤奋好学再加动脑才是成功的关键。

他课堂设计十分用心灵活，一个班按程度分为几个小组，讲完大课，再按组讲小课，然后当堂布置不同作业，绕着课桌轮番点评指导，六小时的课一眨眼就过去了，感觉时间不够用。

　　课堂很安静，孩子们都非常用心地学习作画，只有我一个成人参与其中，但丝毫不会觉得尴尬。

　　方老师对学生的要求十分严格，仅仅一个头骨，就要学生先画出素描，然后分块面和加体积感，再加肌肉，而且都要在课堂当场完成。

　　方老师说通过人头骨训练，学生就能通过理性思考，比较深入地分析研究，画画就有了自主性，下笔会自信，提高就快。

　　方老师除了布置课堂练习，还要我们下课回家后修改课堂作业及完成一两张人像素描，另外再加整理课堂笔记。

　　我每天准时赶去上课。课堂上要求的明暗转折，体积感，分几何块面，人体肌肉和骨骼的解剖结构体系，于我的小白基础而言有点三级跳的感觉，但至少让我找到了人像素描深入学习的方向，我开始意识到几何素描和画鸡蛋为人像画打基础的重要性。

　　第一周我还勉强跟着学生的学习速度上课和完成作业，第二周渐渐地开始力不从心了。

　　我问方老师，为何要求学生这么理性地去画画，艺术不是非常感性的东西吗？

　　方老师则认为太理性，画画会过于枯燥死板，太感性，则进步不快。只有在感性和理性合理结合的基础上，才有助于学生更好地思考和理解，打下扎实功底，为创作铺路。当然成人学画可以是个例外，只要保持兴趣爱好就可以了。

　　这些年，方老师的画室已帮助四百多名学生考入了不同的世界名校。许多学生上了艺术本科后，都觉得方老师为他们打下的基础非常扎实，甚至有学生没有读艺术本科，而直接考上了艺术研究生。

　　方老师的教学从画面的构成，人像头骨的分析到如何用最简洁的线条去表达思想，然后变形提高。用哲学和心理学主导创意绘画，最终成就艺术，已形成了他独具风格的体系。他教学方法灵活多变，常常在课上让学生自己点评，

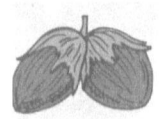

并告诉学生，不要迷信书本，有些绘画教科书的示范图是错的，即便是大师的书。

他教学生欣赏不同大师的画，强调作画时宁方勿圆，宁脏勿乱，尽量避免画得过于甜俗。

他的课极富挑战性，需要学生大动脑筋，勤学苦练才能跟上他的要求，感觉有点像魔鬼训练。

短短两周，我在方云华老师的课上，不仅感受到学生的认真和作品的优秀，最令我兴奋和吃惊的是充满在课堂上的那一种气势。作为一位老师，他是如此激情满怀地带领着学生们。那种带领，不是单纯的教画，相反，在许多方面他并不做判断，而是很耐心地引导刺激着学生，在提供了许多可能的方向之后，他便耐心地等待着学生们一笔笔，一张张地画出具有独特个性的画作来。原来一个优秀的老师是可以有如此强烈的影响力！他的教导，不仅影响到学生们，也深深影响到了我。

在这样一个教室里，我感受到一种特殊而单纯的美

好，那是一种无法言传却又不断在作品与作品之间互相激荡的沛然气势。当然，学生们前面的路还很长很长，可是，坐在教室里，我一直按捺不下那颗欢跃的心，在这样的课堂里，在这样美丽粗犷而又充满着生命力的课堂上，我意识到，方老师教学生的并不只是技巧，而是超越在技巧之上，对绘画的真实情感吧！

我不再牵挂我画的好坏，跟得上或跟不上，日子还长得很，什么都急不来的。我何不好好地在这课堂上，安静地坐一坐，和高中生们一起，在方老师的带领下，尽情享受那紧张而有序的绘画过程？

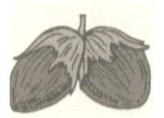

学舞记

小时候，我很想学舞，结果却被老师选去宣传队当了报幕员，可能是我嗓门大的缘故吧。

看着宣传队其他女孩子跳舞，很是羡慕，心痒痒地想跟着跳，却又被老师选去上台表演唱，并演了样板戏，记得当时在舞台上扮演过李铁梅和阿庆嫂，过了一阵子表演瘾。而舞蹈于我而言，成了一个不可能实现的梦。

没想到，一把年龄的我，却在美国硅谷实现了儿时的舞蹈梦。

硅谷有不少成人舞蹈学校，只要你有兴趣，有闲情，哪怕身材臃肿肥胖，年老色衰，手脚不灵活，你也有机会得到一流的专业舞蹈老师的调教，然后穿上绚丽多彩的服饰，在舞台的聚光灯下飞舞旋转，圆一个儿时舞蹈梦。

学舞记

　　起初，我总认为舞蹈是年轻人的事，他们活力四射，怎么跳都好看。像我这般年纪，只能打打太极，练练瑜伽，哪能跳舞？

　　后来一次偶然的机会，看了一场中老年舞蹈汇演，开了眼界。

　　只见台上轻歌曼舞，美得撩人，台下津津乐道，目不转睛。听观众席中有人窃窃私语，说其中有二位已近六十了。但我看着她们"舞低杨柳楼心月，歌尽桃花扇底风"的神态，不敢相信这是真的。她们在音乐的伴随下，藉由肢体舞韵流动出的那份喜悦，深深感染了我。

　　我毫不犹豫加入了她们的行列。

　　湾区舞蹈学校的老师们，许多都毕业于专业舞蹈学院。因为长期的舞蹈训练，他们举手投足间流露出的飘逸和优雅，以及完美的体态和气质，让人称羡不已。甚至有些老师还得过舞蹈编导奖和舞蹈比赛桃李杯奖。由他们来调教我们这些半老徐娘，真有点"大炮轰蚊子"的劲儿。我们主要

学的是中国民族舞。

起初，我对中国舞蹈的理解，不外乎张爱玲笔下描绘的"把雍容揖让的二只大袖子徐徐伸出，向左比一比，向右比一比"，没觉得有多难。可是一学，才发现真难呀！

中国舞特别讲究身体韵律和内心感受，且丰富多样，有古典舞、汉族舞、蒙族舞、藏族舞等等，每种舞蹈各有不同的范儿。

习舞过程中，老师还十分强调练舞蹈基本功。记动作，流汗不说，偏偏还要让你的身子拧过来扭过去，和人体自然状态反着来，一堂课下来，累得直呼哧。我心想，这哪是练功啊，简直像在受刑。

我们求老师说，老胳膊老腿的能否不练功？学点好看的舞蹈跳跳就行了。

老师不让我们讨价还价，明确告诉大家，只有练功，脚下才有根，舞才能跳得又稳又好看，否则就是做广播操。

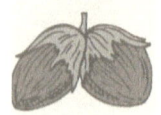

老师进一步要求大家，要踏实努力地学习中国舞，不能好高骛远，取其皮毛而沾沾自喜。

老师的话坚定而有说服力，没人再敢出声了。

从此，老师用心教，我们认真学。每年还会有一次登台汇报演出。

记得首次上台，我跳的是蒙族筷子舞。因为紧张，慌得筷子都从手中飞落地上，好不狼狈。多亏台下观众多半是亲友团，无论我们怎样表现，他们都会给予热烈的掌声。

几年下来，各种不同民族风格的舞蹈，在老师们的循序渐进耐心指导下，我们这些成年人竟也学得有点儿心得了。有一些悟性高，小时候又学过舞的，更是脱颖而出。逢年过节，经常会有公司邀请她们去表演，不仅为我们硅谷的平淡生活，带来了意想不到的精彩和快乐，也让中国的舞蹈文化得以传播和弘扬，就连许多老美，都竖起大拇指夸赞中国舞好看。

　　虽说我在舞蹈上基础为零，但由于坚持不断的舞蹈训练，动作协调性有了进步，记动作的能力也增强了，对舞蹈的欣赏力也不断提高，再也不像过去那样，外行看热闹了，我还有与幸和国家一级舞蹈演员刘兴久老师在舞台上表演了双人舞"老伴"，以及独舞"慈母手中线"。

　　2020是特殊的一年（疫情），许多聚会和课程开始在云上进行。舞蹈课也不例外。我选了蒙古舞、朝鲜舞和古典舞。虽然条件不如过去了，没有了以前舞蹈教室的镜子及把杆等，只能在家中大厅跟着老师学，但只要美妙的音乐一响起，我仍会全身心投入到学习中。对舞蹈的沉迷，让我忘了年龄，忘了孤独，也忘了世俗的一切烦恼。

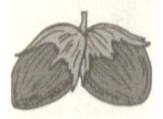

钓鱼记

朋友爱国半年前弄了一个旧艇，巧手装修一番，再配置上一个新马达，一艘功能齐全的小快艇便生龙活虎在半月湾的海面上了。

爱国为快艇取名 "Aiva Solar"，和他的太阳能公司同名。

爱国有了快艇，便常常带着心爱的小狗Agy出海钓鱼，每次都满载而归。

他让我想起了海明威的 "老人与海"，想像在海上与大鱼搏斗的情景，是那么惊险而刺激。

他常常送新鲜鱼给我和JJ尝鲜，有石斑鱼，有比目鱼，还有叫不上名的红鱼。

同时，他还热情地邀约我和JJ一起出海钓鱼玩，说自己钓的鱼吃起来更有味。我心动了。

收获

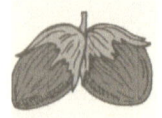

　　爱国特别选了一个风平浪静的日子，让我们啥也不用准备，坐上他的快艇出了海。

　　疫情宅在家里的生活舒适却单调，出门看到的一切让我充满了新鲜感。

　　半月湾的海面很热闹，到处可见捕鱼的大小船只，也见到许多中国人，多半是广东人，甚至还有一位约七十高龄的老妇，独自开着一艘小船在海上垂钓，一副自得其乐的神情。

　　我们在快艇上坐看海天相连的景色，有成群海鸟在岛上嬉戏欢叫，时不时又飞到天空起舞，许多野鸭在海水中悠闲捕食，又见一只海狮在灯塔台上休息，一切让人沉醉而兴奋，我甚至动了买艇的念头。

　　爱国在海上行驶了半小时后开始抛锚，他说海上行驶看似简单其实不容易，除了风向，还得熟悉海上航线，否则不小心碰到暗礁就麻烦了。他还得意地告诉我，他发现有几处鱼多的地方，别人是不知道的，而我们现在的地方有许多

海草，常能钓到鱼。

　　小艇的锚看起来很小，但操作起来还是挺费劲的。只见爱国手脚麻利地上下忙碌着，装鱼饵，下竿，放捉蟹笼，这时我却开始晕船了。

　　小艇不规则的晃动着，让我感觉恶心头晕，一动也不敢动了。爱国给我一颗晕船药，说是一小时后见效。

　　爱国的爱犬狂吠着，在我身上扑腾着要玩，我已没了心思逗它玩了。晕船的滋味不好受，开始后悔上了"贼艇"自讨苦吃。

　　只见爱国在一边兴高采烈地教JJ如何放鱼饵，如何下竿；JJ的鱼竿被海草缠了，他又去帮忙解决。他一点儿也不晕，我好生羡慕。

　　不知是地方选得不对还是鱼饵问题，鱼一直不上钩，鱼饵还常常被鱼吃了去。我抱着鱼竿一动不敢动地难受着，鱼上不上钩，我已无所谓了，只想快点结束，早些脱离"苦海"。

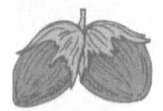

　　这时 JJ 也向爱国要晕船药了，只见他脸色苍白，痛苦万分。

　　不一会儿，JJ 便大吐特吐了起来，我忍不住了，急急要求爱国开艇回岸。从未空手而归的爱国心有不甘，让我们再坚持一下，我和 JJ 却一点坚持的意愿也没有，此时的大海一点儿也不可爱了，海钓也不好玩了，近旁一只捕鱼小船随海浪时隐时显的情景也引不起我兴趣了，我和 JJ 只有一颗坚定回岸的心。

　　终于打道回岸了，空手而归的我和 JJ 如释重负。

　　虽未钓到鱼，但热闹的半月湾鱼市没让我们失望，我们买到了专业捕鱼船在深海处捕捉的新鲜大鱼，开心地回了家。

　　鱼肉非常鲜美，我们大快朵颐。只可惜不是自己捕的，吃在嘴上感觉缺了点爱国说的那股味儿。

　　没几天，JJ 好了伤疤忘了疼，经不住爱国的再三"诱惑"，又兴致勃勃上了他的"贼艇"出了一次海。我选择了

放弃。

爱国说出海要早，否则一到下午海就会起风浪，哪怕不晕船的人也会不舒服的。

这次JJ吸取了教训，天未亮就起了床，早早将晕船药吞了。

我被他闹醒了，也跟着兴奋起来，心想JJ或许多去几次，会适应海浪，我们还能经常吃到新鲜海鱼，挺好的。

JJ天微亮便出了门，我则在家美美期待着，还忍不住给邻居朋友打电话，问她可要鱼吃？

JJ真是扫兴啊，竟然吃了药还晕！

和上回一样，小艇一抛锚，不规则的晃动就引起他浑身难受。

这次战绩比上次好，多少钓到鱼了，但JJ却无法享受钓鱼的乐趣，晕船药对他不起作用，晕晕乎乎地一直在吐，最后干脆抱着鱼竿不动弹了。

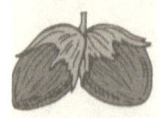

　　爱国无奈地将JJ提前送回岸，和另一位朋友继续回海钓鱼，据说那天他们钓到了许多大鱼。

　　JJ回家后倒头便睡，如同生了一场大病。

　　我清洗着他钓回家的鱼，心想海上钓鱼活动恐怕与我们无缘了。

　　第二日，看着终于活过来的JJ，我问他还去吗？他回答：还去！

一箭穿心

这些日子忙忙碌碌过着。

忙忙碌碌过年，忙忙碌碌过生日，忙忙碌碌过情人节。这些日子画着似是而非的画。似一棵树，一条河，一座山，一下笔便树非树，河非河，山非山。

这些日子大雨瓢泼，一场接着一场。古筝曲"战台风"，我日日练着扫摇、密摇、扣摇、刮奏等技巧，可奏出的仍是风非风，雨非雨，更不要说奏出面对风暴的大无畏精神了。

生日时，女儿问我喜欢什么，我答只要红色都合我意。女儿却给了我一堆五颜六色的美丽香皂。

美国长大的她不知今年是我的本命年，红色是我的保护色啊。

一箭穿心

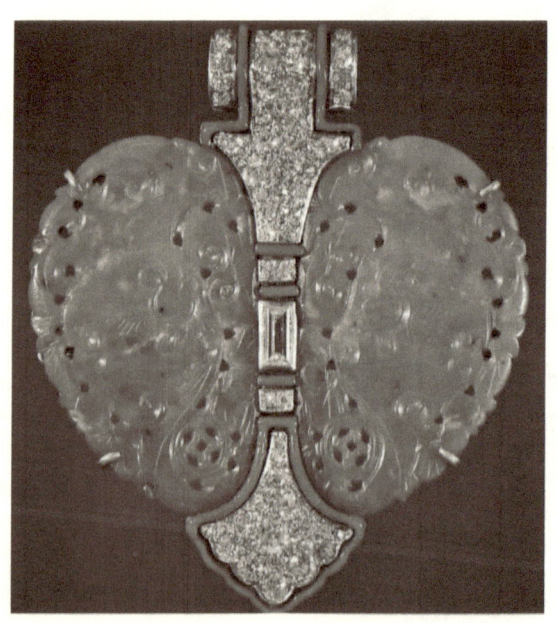

　　她更不知我已步入了甲子年。

　　新年的头一天，我摔了一大跤，破了皮，溢了血，朋友说这就对了，红色可保平安。

　　我还是决定要找一个红色的饰物避一下邪。那日，朋友宴请。席上遇见一对古董商夫妇。那太太热心地向我展示了一张照片，上面是一个"一箭穿心"的胸坠加胸针的两用饰品，说一家古董店正在脱手。那太太说此物少见，是1920年的卡地亚款，由中国的两块老翡翠，钻石和红色珐琅镶嵌而成。照片上那翡翠造型别致，钻石晶莹剔透，珐琅红得耀人，看了让人心动。那太太的先生做了几十年的古董，藏着一肚子的学问。他见我有兴趣，便告诉我说，1920年卡地亚设计融入了许多东方理念，并从中国引进了一些翡翠，设计了一些不可多得的中西合璧的饰品。这款的翡翠虽说不是玻璃种，但也是难得的满色老翡翠。不过水头不足却是老翡翠的通病。最后他十分强调说这是百分之百的卡地亚款，是没有疑问的，可以收藏。

　　我平时不谙珠宝，古董珠宝更是一窍不通。只是前不久从一位珠宝设计师女友处听过一个有关卡迪亚的凄美爱情故事，觉得收藏一块这样带红色的饰物为本命年生日礼物真的不错。何况我的生日第二天便是情人节，这一箭穿心也适合为情人节礼物，也算是一举二得。我第一次生日和情人节给自己找礼物，虽然少了拆礼物时的神秘期待，但毕竟是心仪之物，免了以往俗套也是值得。JJ见我喜欢，又省了他为我找礼物的心，连价也不问便一口答应了。

　　如今"一箭穿心"已成了我的收藏品，我不时赏玩，满心欢喜。

　　有朋友说你拿这款去香港拍卖行去卖，转手便能赚钱，也有朋友说古董珠宝水太深，高仿也能做，万一是仿物，你岂不亏了。

　　有朋友说此款十分独特，精美绝伦，也有朋友说这款太土，不够时尚，一时众口纷纭。

　　而在我心里，美是没有物质和实际利益的，它仅仅是

一种味道，一种内涵，一种念想，更多的还是一种情动于中，不可名状的快感。

既然如此，"一箭穿心"的真伪、美丑已不那么重要了，只要此物与我有缘，心中有了牵挂，那就好好珍藏吧。

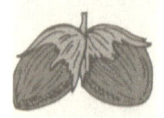

下厨

　　平时特别羡慕擅长厨艺的朋友。有些人切菜如丝，刀工了得。有些则屡屡出新招，一见新菜式，便学着试这试那，百试不厌，还做得有模有样。有的喜欢做甜点，那花样蛋糕做得蜜蜂都想叮。更有的北方朋友，那擀皮子，揉面，一招一式让人看得眼花缭乱。

　　我自称是吃货，却属于那种上不了厅堂，下不了厨房的。每次家里做饭，我只能买回些半成品食物，烘烘烤烤完毕，然后放在精美的盘子里，搭配一些颜色，就交差完事了。

　　女友提醒我说，这样不行。厨房是女人生活中最重要的岗位，这个岗站好了，就守住了丈夫的胃，也就保住了这个家。

　　她说得来劲，我听得发愣，感觉这些年我不仅没有站

好岗，而且整个岗位都拱手出让给了婆婆，自己还窃喜，觉得捞了个大便宜。

这次婆婆回了中国，丈夫的胃得我负责了。朋友之言让我开始跃跃欲试。

我最先是拿饺子开刀。买面、和面、揉面、拌馅，我一口气干了下来。可那面团怎么弄都是疙疙瘩瘩的，不像那些高手，揉好的面团光滑柔软，然后弄成细长条，一刀一刀切下无数个小元宝式的面团，最后擀皮包馅，一个个可爱的饺子便出手了。我只有将面疙瘩掰成一块块，抡起擀面杖擀起皮儿来，那皮儿摊得有葱油饼般大，再加满满几勺馅，笨手笨脚包，一个个粗大的饺子便算完成了。

我给老公仅下了几个饺子，看上去便是满满一大盘，老公吃着满嘴面疙瘩似的饺子，竟不停说好吃。

这让我信心倍增。以后什么面食，煎炒，烹炸样样尝试着干。我做什么，老公都说好吃，我也就越干越来劲。

那天有好友从北京来，我自告奋勇包馄饨给大家吃。

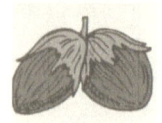

　　是那种我称之为小护士帽的馄饨。想当年，刚来美国留学，为挣口饭吃，曾在一家中餐馆打工，当时学了半天包馄饨，总学不会，老板视我孺子不可教也，只付我一小时一美元的工钱。我心里不满也不敢言，只好为五斗米折腰了。

　　而今因没了生活压力，心情一放松，这包馄饨竟无师自通了。我去中国超市买了新鲜冬笋、鲜虾、鸡胸脯肉、荠菜、干虾米，回家洗净切碎，拌上盐、姜泥，搁上香油拌成馅，从动手包，到下锅出锅，总共不到一小时。大家吃了都说味道不错，我心里喜滋滋的，感觉厨房这岗位对女人来说未尝不好。

　　我倒不觉得厨房的重要性一定是守住男人的胃，才能保住这个家，而是厨房里有家的味道。守着家人，在厨房忙碌，心情会有一种很柔软的感觉，这种感觉会让家庭播种着，活跃着，生长着，希望着。

　　家庭生活的每一天都是平凡的，但忙碌在厨房的女人也是可以让这平凡生出华彩来的。

刮车风波

　　一直以为自己只要动作慢一些，就可避免一些坏事发生，但这天还是发生了。

　　和女友约了喝中午茶。我在停车场试图挤进一个狭小的车位，虽然放慢速度拐，仍不小心将左边一辆崭新的小白车右尾处擦了一下，下车细看，虽无大碍，但还是伤了点漆。

　　这让我无比懊恼，恨自己如此的不小心。

　　赶紧将车退出，开到远处停好。此时四下并无人，但我没有想过要逃避。我又回到小白车边，在字条上写下了自己名字和电话号码，将其贴在了车上。

　　但仍然放心不下。

　　这时约的女友也到了。我便拉着她坐在茶室的靠窗

处，叫上一壶茶，心神不宁地和女友喝着聊着，眼睛却飞出了窗外，死死盯着那辆小白车。

十分钟过去了，半小时过去了，一小时又过去了，小白车周围的车出出进进，唯独这车主迟迟未出现。

我实在是不能再等了，再有十分钟，有我和医生的预约，而女友也要赶去接孩子。

我只能不安地走到小白车身旁，拍了照，并将留有我名字电话的字条再摁牢一些，生怕车主是一个粗心大意者，没有看到字条就开车跑了。万一字条在路上被风刮跑，车主找不到我那又该怎么办？也不知这车主多大年龄？是男是女？是中国人还是异国人？是善还是恶？能否私了？

一路胡乱想着到了医院，已迟到了五分钟。签了到，坐下等护士的召唤时，手机响了，没犹豫便接了电话。

一个年轻女孩着急的声音在那头响起，我知道车主找上门来了，心里松了一口气。

　　我试着和她沟通，问她能否私了，她一口拒绝！说车是两星期前才买的，不能马马虎虎私了。然后用磕磕巴巴的英语问我要驾驶执照号和我的车保险，口气又硬又顽强。我将驾驶执照号给了她，但因车保险在车里，我一时无法给她，她便在电话那头急了，任我怎样解释，死活不肯放电话。她说万一挂了电话我逃走了怎么办。

　　我哭笑不得。

　　我说当时四下无人，我要逃早就逃了，就不会在现场留下我的电话和名字了。

　　她仍不肯搁电话，仿佛抓住电话就抓住了我这人。我抱着侥幸心理问她是否是中国人，她回答不是，是越南人。

　　这下轮到我磕巴了。

　　我想完了，这交情看来是无法攀了。

　　我只好再次让她相信我不会逃走，甚至还说我是个基督徒，基督徒是不会骗人的等等，旁边坐着的两个老美听着

我解释不清的语调，笑眯眯地瞅着我乐。

此时护士开始唤我的名字，轮到我看病了，但电话那头的女孩就不放我走，我一时手足无措。

多亏了那女孩身边有个姐姐，英语比她流利多了，我赶紧和她沟通，竟然说通了。

我向她们保证，一看完医生就和她们联系。那越南女孩最后还是从她姐姐处夺了电话威胁我，说什么报警和法律之类的，真让我又气又恼，觉得这女孩怎么如此不近人情，也太难缠了。

终于看完病了。发现女孩已在我电话上留了好几个语音，能想像到她十分着急。

于是我出了医院第一件事就是给她我的车保险。同时我也向自己的保险公司报了案，并告知是我的错。

最后我问保险公司，我需要付多少赔偿金？保险公司说若我的车没伤，我无需承担任何费用。

天哪，我一直想花钱私了，没想到公了反而是最好最简单的结果。

不由得感谢那固执而不近情理的越南女孩，是她的坚持让我荷包里又省了一笔钱。

仔细想想，这无情的女孩是没有错的，她是在用法律捍卫她自身的利益。同时又用行动告诉我，人须敬畏法，若众人行事都按法津程序走，问题的解决反而会简单化。

我看了一下那女孩的驾照证，发现她比我女儿还小一岁。

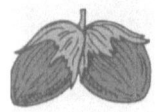

小赌怡情

一直吵吵去拉斯维加斯赌城玩。

老公JJ总找出各种理由推脱。他认为那种地方纸醉金迷，毫无乐趣可言。

我可不这样认为。我享受那里灯红酒绿的热闹，也喜欢那里的各种美食和顶级表演，更喜欢老虎机叮叮当当让我心跳的美妙声响。我喜欢小赌，那是一种兴奋、刺激、好玩的滋味。但我从不大赌、烂赌，沉迷其中。

正值过年，JJ问我如何庆贺，我说只想去拉斯维加斯看大戏，品美食，小赌一下。

JJ不想扫我兴，便答应了。他开始忙着订机票，旅店和戏票。而我的心也由此兴奋着，犹如孩提时去春游一般。

到了拉斯维加斯，天还亮着。

　　白天的拉斯维加斯，没有了霓虹灯，就像是卸了妆的女人，光彩顿失。这里高楼林立，人群熙攘。为迎合中国年，各大宾馆好像都在过中国年，什么龙啊，猴的，以及步步高升，万事如意，恭喜发财春联，装潢得到处都是，一时间竟有点不知身在何处。

　　晚饭在宾馆内的中餐馆吃的。点了我们喜欢的红龙鱼，宫保鸡和干煸四季豆。因我吃饭习惯不好，从不细嚼慢咽，JJ便一个劲嘱咐我吃慢点，再慢点，弄得我吃得一点味儿都没有了。但我知他是好心，怕我噎到，呛着。唉，都是这年龄给闹的。

　　饭后散步。我们住的 Wynn 宾馆有一个通往大街的小道，因它隐蔽在草木之中，让我不由想到唐朝诗人常建的诗"曲径通幽处，禅房花木深"。可惜小径短了些，还没走过瘾，已上了大街。此时天色已暗，不知是为了节约能源，还是以往来时都是美国的节日，城市似乎不如以前灯火辉煌，显得有点落寞。

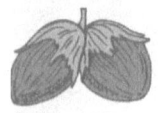

　　我和 JJ 走着，聊着，路上看见一个广告，大意是人生苦短，要极时行乐赌钱。我想偶尔来一次赌场尚可，天天来不就得输成个穷光蛋了，那会儿就是悲惨世界了。

　　路边见到一个民间老艺人，蓄着长长的胡子正拉着手风琴，我放了一张美钞在他琴盒里，他高兴地示意我和 JJ 与他合影。

　　本想不玩老虎机的，忍不住手痒还是玩了，几分钟赢了二百多，一贪心又输回一百多。不敢恋机，一步三回头地离开，回房休息去了。

　　一天似乎就这么过去了。

　　我想，这个世界是有许多的美好朝我们开放着的，并无任何隐藏。只要我们愿意，我们的感官可以在每一寸的时光中充满欢喜。

　　拉斯维加斯大赌城也不例外。

打枪记

住进山宅后，家里便备了枪。有长枪和短枪，长枪是汽枪，猎枪，短枪是左轮，可我未曾碰过一次。

只有儿子带着朋友来玩过几次汽枪，一时鸟儿、壁虎的尸骸遍布前后院。我看了生气，和儿子及他的朋友说不准滥杀无辜。他们问还有何物可打？我说老鼠。可老鼠又鬼灵得要命，根本打不着。结果前后院的木柱都成了靶子，走过之处，千疮百孔，不忍目睹。

前些日子，我在院子中的一个杂物箱里发现一窝老鼠，大约四只。我拿着棍子胡乱敲打，只打中了一只。我用木棍摁住那半死不活的老鼠，叫JJ过来帮我，JJ却说要枪毙它。只见JJ拿着一杆长枪从房子里赶过来，有模有样地打开枪栓，三点一线，瞄准棍下老鼠，却怎么也扣不动

板机。

他正琢磨着，我却等不及了，干脆将奄奄一息的老鼠一棍毙命，JJ这才发现枪的扳机上了保险，情急之下忘了打开。

此事后，JJ决定去上枪课，还为我和儿子女儿都报了名，我便有了平生第一次射击体验。

我们上的是手枪课，两个晚上的课，每次二个半小时。教室不大，可供二十左右人听讲。我环视四周，年轻人较多，各色人种都有。

第一堂课是理论课，教官是退伍老兵，挺着个大肚子，笑眯眯地问大家为何学打枪，一致回答是防身。教官接下来便是强调如何安全使用枪，印象深刻的是三点：

1. 持枪时枪头永远朝上 (safe direction)；

2. 扳机始终保持off状态，只有在准备开枪时才能打开；

3. 平日不射击时子弹绝不上膛。

过后他又拿出一堆小手枪，津津有味地介绍起它们的不

同性能。其中一把精致小巧的手枪吸引了我的眼球，教官说那是007邦德用的那种，我对JJ耳语："可否买一把送我？"

第二节课便是真枪实弹上场。

练枪是在室内，一屋子的硝烟和枪响，我原本以为好玩的心一下紧张了起来。

我们一家四口由一个教官指导，练习的是左轮和半自动手枪两种。

JJ和女儿、儿子一上场便架势十足，对着五米不到的靶子"砰、砰、砰"打得兴高采烈。唯有我举着枪却迟迟不敢扣动板机，我竟然害怕枪响后的震动。

耐心的教官在一旁鼓励我，我终于闭上眼扭头开了第一枪，却打飞了。

教官说你不能这样，枪一定要双手拿稳，眼睛要三点一线瞄准，不能偏离。

我试着再打一枪，又打飞了。

　　教官说我对枪有恐惧心理，得帮我克服一下。他从我手中取走枪，唰唰地装满子弹，然后递给我说不用管瞄准，一口气射完子弹便是。我瞪大了眼睛，心速不由加快。而一旁的教官死死盯着我，不容我有半点违抗。

　　我只好深深吸了一口气，心想反正躲不过去，干脆迎头而上吧。举起手枪，鼓足勇气将子弹"砰砰砰砰砰"全射了出去。

　　说来也怪，打完后，我的心一下放松了，以后的练习便情绪高涨，越射越勇。

　　手枪课结束了，我们每人都获得了一张证书，虽然我的射击成绩并不理想，但我的心里还是美滋滋的。

撒谎的老墨工人

面对撒谎的人，不戳穿难受，戳穿了后更难受。

这几天，因为戳破了一个谎言，我浑身感觉不自在，好像自己犯错似的。

我的墨西哥工人对我撒了一个谎，而且是面不改色，心不跳的那种。

那天是工人去山下老宅干活的日子。我正好有事去了老宅。闲空时，去院子光顾了一下，发现喷水池里浸泡着许多落叶，已开始发黑发臭。我顺手捞起了臭叶，只一会儿，后院便堆起了一大坨臭哄哄的烂树叶，只等工人来清理了。

整个下午过去了，始终没见工人干活的影子。我耐心等至天黑，确定他们不会来了，才悼然离开了老宅。心想也许工人临时有事，他们有空应该会补上吧。

　　几天过去了，我顺路又光顾了老宅，只见臭树叶原封不动堆在那儿，前院后院落满的残花枯枝，也静静躺在地上，狼藉一片。

　　看来工人不曾来过。心中不由懊恼，拨通工人电话，直截了当问他有没有去干活。

　　电话那头的工人，竟然回答干过活了。我问那满地的落花残枝怎么解释，他说现在就是落花季节，每天都会落许多。我又问一大堆臭树叶为何不清理。他支吾道："想着清理，可能给忘了"。我继续问："你们当真去过"？他答："是的"。

　　真是大白天说瞎话！那天我明明在老宅待至天黑，连个鬼影都没见着，他这儿却不紧不慢忽悠着我。看来我得戳穿他了，看他如何往下编。我告诉他："你没来过就是没来过，不要没来过硬说来过啊。你不要……"我硬生生地将"撒谎"二字吞回了肚里，实在不想彼此太难堪。他在电话那头还在坚持，我不想再绕了，直言道："我那天就在老宅

待至天黑，你没去干活，为何硬说去过？"

电话那头声音一下乱了："我们现在就去那里……已到了……看见臭叶堆了……马上弄干净。"我静静地听着，不想再接话了。

我自觉十分难堪，为自己，也为他。这样理直气壮的谎言，让我感觉无法接受，简直将我当傻瓜耍了。我寻思着一定找机会警告他一下，让他知道谎言是唬弄不了我的。

周五，是工人来山宅干活的时间。可这天等到太阳偏西，还不见人影。我想会不会是工人撒了谎，自己先不好意思了，连工钱也不要，就辞活不干了？

我估计错了，天黑之前，他们赶来了。一个工人利落地开始清理起山宅落叶，另一个去清理山中被风刮倒的大树。山宅的院子连着一大片林子，地面又高低不平，活要比山下老宅累许多。而这两个工人的好处便是从不抱怨，而且让他们干什么，也不讨价还价。我心中又生了恻隐之心，但该说的话还是要说的。

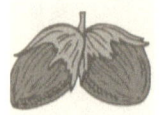

　　走近工人，斟酌着如何开口，不经意瞥见其中一个工人的手指上，缠着厚厚的纱布，纱布用一金属夹固定着，好像伤得不轻。一问方知他该去我家老宅干活的那个早上，他在别家修剪树枝时伤了手指，割得很深，不得已去了医院。我瞬间明白他们没去老宅干活的原因了。看着和自己孩子年龄相仿的墨西哥工人，我心里不由泛起了一股疼惜爱怜的滋味，责难的话也就统统咽了回去。

　　许多事无法简单以黑白论断。谎言本身多种多样，丑陋的，美丽的，邪恶的，善良的，无奈的，虚荣的，故意的，不经意的。

　　或许墨西哥工人谎言的背后是出于一种无奈吧。

救命乌龙

我充当过一回"救命恩人"，结果却是一场乌龙。

那天是周日，两对朋友夫妇来山宅看球赛，打"三仙"牌，宅子十分热闹。

那天勇士队轻而易举打败了骑士队，球赛不如以往的精彩刺激，比赛还未完，大家便嚷嚷抓紧吃晚饭，早点开始牌局。

因为天气闷热，我准备了绿豆粥及笋炒毛豆、青椒炒海蜇、西红柿炒蛋等几样简单小菜，外加朋友们各自带的吃食及一个大西瓜，满满一桌开吃了。

吃完赶紧收拾好桌子，我们六人玩起了"三仙"。这种玩法只需一副牌，三打三。有点像争上游，输者要进贡，而且得记分。除此，还要发扬团队精神，有人需要"牺牲"小

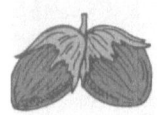

我，帮助同伙取胜拿贡。"三仙"虽是倒数第二输者，但有许多优惠，除了得二分外，有优先发牌，选牌，出牌权，但也得进贡。我们六人玩得十分来劲，边打边互相玩笑打趣。我的两个同伙中有一朋友是大学教授，因他姓傅，即使他多少年前早已升为正教授，而且还是系主任，傅教授是他永远摘不掉的头衔。

那天切的一盘西瓜正好放得离傅教授最近，所以他很自然地边打牌边吃西瓜边聊天。我记得当我们赢了一副牌后，对手三位开始探讨输的原因，说谁谁出错了牌，我顺口玩笑他们"窝里斗"时，傅教授突然站了起来，涨红着脸笑个不停并呛了起来，几秒钟功夫，竟直挺挺倒地不省人事了，嘴里还喷出一堆红色似血状物，弄得满脸满身都是。

这猝不及防的意外顿时让我们乱了手脚，有人以为是心肌梗塞，赶紧去打911，有人试图推醒他并将他扶了起来。一旁的我心中虽然害怕，但仍壮胆近前仔细瞧他脸上红色物，才发现是西瓜不是血，便认定他一定是被食物噎

住喘不过气了，救人心切的我一把抱住他的身子用力撞他的后背，希望能将噎住的食物撞出来。

　　我一下又一下地使劲儿，也不知撞了多少下，他开始"哗"一下吐出了一大堆西瓜，众人的心一下松了下来，觉得他活了过来。他好像也恢复了意识，竟站起来没事人般去洗澡换衣了，恐慌混乱局面终于趋于平静。

　　等他换洗好出来又上牌桌，我只觉恍若隔世，好像刚才一幕不曾发生过似的。只有我那用力过猛引起的胳膊酸痛提醒着我，"死亡"刚刚造访过傅教授。我随口开起了玩笑说："傅教授，我可是你的救命恩人呢。"周围朋友们也应和着我，我的心中有了些许小小得意。

　　第二日，傅教授太太给我电话，说陪傅付教授去看了医生，结果竟然是一场虚惊。发生在傅教授身上的与心肌梗塞和噎食无关，而是典型的血管迷走神经昏厥（vasovagal syncope）。起因是傅教授为避免呕吐，强使自己使劲憋着，致使血液无法进入脑部而引起的短暂昏厥，一般不会引起

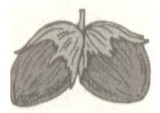

任何生命危险。

　　傅教授太太还笑着告诉我，医生还检查了一下傅教授的身体，恐怕我这"救命恩人"用力过度伤了他，所幸结果无大碍。

　　我庆幸傅教授检查结果无事，但不后悔自己的行为，因为我知道自己的内心没有"冷漠"二字。

米其林的滋味

　　真没想到一顿米其林美食，会吃得我腰酸背痛，头昏脑胀。吃罢回家倒头便睡，好几天后才缓过劲来。

　　这顿美食，是女儿孝心买单，送给我和JJ的圣诞礼物。因为餐馆名气很大，慕名者络绎不绝。我和JJ从十二月一直等到三月，才轮上。女儿知道我不吃红肉，不吃奶油类，早早与餐馆打了招呼。因为这样级别的餐馆是没有菜单的。

　　那晚是七点的预定。天下着雨，冷嗖嗖的。

　　我一天未进食，只等吃大餐。

　　我和JJ准时来到餐馆。餐馆从外表看并不起眼，但门里门外的装饰舒适而现代，充满了日本风味。带位的是可爱热情的白人小姑娘，身旁同时还站着一位经理。他们热情地招呼我们，顺手挂好我们的风衣，放好我们的伞，便领着我

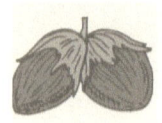

们走向餐桌。里面餐桌不多，只有十二个餐位，而衣冠楚楚的服务生好像远多于客人。

我们安坐好，便有一高大英俊的服务生上来问候。然后介绍酒和饮料。JJ要了红酒，而我因对酒过敏，就要了矿泉水。水和红酒都有讲究，就像女人的包包和化妆品，也是有品牌的，而我对此一窍不通。

川流不息的服务生换着面孔服务着我们。为我们膝上放置白色餐巾，不断为我们送上各式好吃面包任我们选，水喝完了马上续。餐桌一有食物屑，便有人立刻拿一把银质工具弄干净，而美食却上得又慢又少。先是开胃点心，精致的小盘里放置着极小的两块饼干加二块小糖，像极了一个艺术作品，JJ一口就塞嘴里给吞了，然后在昏暗的烛光下，我们又眼巴巴等着下一道。JJ有红酒还行，我却饿得不停喝水。

好不容易第二道菜上来，又是一个小小的精美艺术品，我又一口给吞了，然后凑近JJ悄声说："我好想念大排档龙虾。这里享受了视觉，却委屈了我的胃。"

　　JJ笑我没耐心，没有淑女气质。我一想也对，他家本是大家族，做什么事都讲规矩。吃饭更是讲究。一个冷盘，一碟小菜，一盘荤菜，全是小而精致的，是靠煤炭炉一点点熬出来的。每次在他家吃饭，我都觉着无从下手，因为我一动筷子，菜盘立马见空，太丢人了，所以得一点一点抿着吃。他家饭也是小锅蒸，经常吃到宁肯去邻居家借饭，也绝不剩饭。

　　而按我家的习惯，父亲永远讲究吃得痛快。父母和我三人吃饭，总有三至四个菜，再加一大砂锅，里面是丰富的什锦汤，让我大快朵颐，吃得无比尽兴。我经常开JJ玩笑，说他身上流着贵族血液，我则是草根文化，而草根的幸福指数要高许多。JJ听了总是不以为然。

　　我们这顿美食，每道菜都是精美无比的艺术品，味道很像日本的怀石料理，一道一道上得极慢，整个过程耗费近三小时。JJ品得津津乐道，我却觉得食不果腹，唯一新鲜的是视觉的美感。好似一口吃一个艺术品，算下来整整吃了十七个艺术品，每个对我而言，都可一口吞掉。

　　吃到终了，突然觉得应该搞清楚肚里装了一堆什么样的艺术品，一问服务生才知是日本、西班牙、美国的综合艺术品。

　　终于吃完了，有了一种如释重负的感觉。回家后，女儿问我："喜欢吗？"

　　我说了句心里话："美食真的好美，好美！只是吃得太累，太累！"

第一次尝大麻

女友Mary不幸查出肺癌，靶向治疗、化疗一个接一个地跟着，痛苦得让人崩溃。

可每次去看望她，她都热情招呼，大大方方和我分享与病魔斗争的过程。她优雅如故，美丽依然，谈笑风生，好似癌症只是小菜一碟，不足为惧。

又过去了些日子，她传了一张照片给我，照片中的她被套在一个网类罩衣中，紧闭双眼，嘴微张着，好像又在受着某种治疗的煎熬。我看后心里好疼，却又不知如何帮她。

那日，巧遇一对好心夫妇朋友。和他们交谈中，得知大麻有止痛作用，而且他们有许可证，能合法买到大麻及大麻制成的食品。

他们听我讲述了Mary的病况，热心地答应帮我买上一

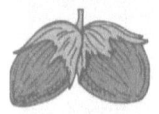

些大麻食品送她，以解燃眉之急。

还记得那是个大雨天，这对夫妇湿漉漉地赶来山宅，送上了几小包精美包装、有着不同口味的大麻饼干和二块大麻糖。

他们告诉我这东西吃了后应该感觉不错，也无副作用。可以先让我的女友挑喜欢的口味，开始小试一点，若无反应，再逐步加量。

他们还让我从中选一粒糖，让我也试试其中滋味，满足一下好奇心。我想了一想，还是算了，女友比我更需要。

第二日我便将这些大麻饼干和大麻糖送到女友手中。

圣诞节时，那对夫妇又精心自制了几块大麻点心送与我，我怀着好奇和兴奋收下了。

傍晚，我悄悄吞食了蚕豆大一块的大麻点心，犹如偷吃禁果。其实味道很一般，有种腻人的香味，但我想要体验那种飘然物外的感觉。

　　没过多久，我有了感觉，但不好玩，是一种头昏恶心，四肢无力的感觉，还伴随着从背部涌上脑袋的疼痛，一阵又一阵。我躺倒在床上，害怕极了，不能见光亮，不时感觉意识脱离身体而飘向远处，浑身不能自主。JJ急得又是帮我按摩又是要打911，我无力地摆手制止，一阵强烈的困劲儿上来了，便昏睡了过去，醒来时已是第二日的午时了。

　　不好玩，太不好玩了！人们口中的什么飘飘欲仙，什么易哭易笑，纯属胡扯！

　　赶紧打电话给Mary，想了解她的反应。

　　电话那头病中的Mary声音有气无力："我一直都不敢告诉你，怕你心中不好受。"

　　"我已试过，是那种……"我接她的话。

　　"灵魂出窍！"她紧接。

　　"对的，对的，就是这种感觉。你吃了没事吧？"我急忙问道。

　　她答说："你送的那些大麻糖果，我一直舍不得吃。直到一个周末，几个小姐妹来看我。当时想让自己在饭桌上显得自己精神好一些，便吃了一小块。不想一小时后，双眼便无法聚焦了，看什么都成双。再后面手脚，脖子都开始发麻，我感觉不妙，想叫丈夫帮忙，已出不了声，动弹不了身子，丈夫一看不好，便打了911，急救人员一路抢救我到医院，什么强心针，输液，输血统统都上了。光是输液就整整九大瓶，血浆就是三大袋。那些日子，我无法接受光亮，感觉意识和身体脱节，步入了一个幽深而狭长的蓝色通道。当时意识还特别清醒，似乎嗅到了死亡的味道，有种特别的害怕和孤独。这样来回折腾了十天，我才慢慢脱离了危险，又折回到现实。"

　　"医生怎么说？"我问。

　　"医生说一定是大麻过量的反应。"

　　"所以在加州，虽然大麻合法化了，仍有不少医生在强烈反对。因为许多人的身体反应不同，结果也会不一样。

如我是过敏体质者，稍一过量，就很危险。"她告诉我。

听完后，我的心怦怦直跳，心中好后怕。

可女友反而安慰我，说知道我是一片好心，是她一生的好朋友。她还说，医生对此很有兴趣，要将她的体验写入研究论文中呢。

我眼眶不由湿了，但仍不忘追问："你家那位肯定恨死我了吧？"

她说："这件事之后，他天天惦着想尝上一口呢。"

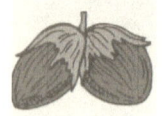

植物园音乐会

旧金山的植物园里，有人异想天开，在各个角落摆放了十二台古董钢琴，吸引了各路专业和业余的钢琴演奏者纷至沓来，一时肖邦、喀秋莎、梁祝、爵士等音乐洋溢在植物园四周。

女友随艺出身于钢琴世家，毕业于加拿大皇家音乐学院，主修钢琴。她弹了几十年的钢琴，创作了不少好听的钢琴曲，这次在植物园里大显身手，吸引了不少游客驻足聆听。

十二台钢琴，我们寻着了九台，一行人跟随她免费享受了一场以大自然为舞台的钢琴独奏音乐会。

绿荫花丛，蓝天白云，潺潺水流中享受美妙的钢琴曲，是我人生头一回。

植物园音乐会

　　有一些熟悉的情愫在音乐中一直追随着我，一丝温柔，一丝缠绵，一丝浪漫，还有一丝忧伤……

　　曲子终了，如梦初醒，方知自己只是个旅人，行走在梦中的大街小巷。

　　心中明白这一切将会远去，生命本是悲欢交集的乐谱，而穿梭在大自然间，女友指下的一曲曲美妙琴声，终将化成我心中一个沉缓而又美丽的难忘记忆。

诗与远方

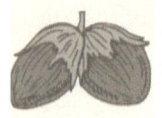

海的记忆

海的夜有一种朦朦胧胧的美，更有一种深不可测的神秘，这样的夜色不容错过。

我拽着JJ上阳台，在夜色中看海吹风。

天边挂着一轮圆月，静静散发着淡淡的银光。巨轮前行卷起的海浪拍打着船身，一阵强一阵弱地在夜晚中回荡，此时的海洋已成墨色。

在这样的夜晚里，许多难忘的时光都会回来，而一直在我的回忆中出现的便是第一次和JJ坐轮船去青岛的情形。

八十年代初，我和JJ从上海出发去青岛，得在海上漂上一天一夜。那时的轮船没有如今的豪华餐厅和娱乐设施，完全是单一的交通工具。

于我而言，因为是第一次坐船看海，又是和JJ一起，

我那颗年轻的心就像喝了酒，沉醉其中，兴奋无比。

不想一上船，我便开始晕船，一路上整日昏昏沉沉，恶心呕吐，等到船身平稳，感觉好一些时，又过了晚饭点。

记得那天JJ饿着肚子陪我，看我一能走动，便拉着我去餐厅找吃的。可是餐厅已不见一人，所有餐具都已被收拾得干干净净。我俩无奈相望，听着近在咫尺的海涛声，不由自主发出一声叹息，只好转身饿着肚子往回走。

"你们饿了吧？"身后突然传来一个声音。

只见一位厨师大叔出现在身后。我们点点头，饥饿让我们的心情有些低落。

"请等等！"厨师大叔变戏法般的给我们端上来一盘炒鳝丝和米饭，这让我们喜出望外。我俩狼吞虎咽地将食物一扫而空，最后满意地摸着肚子，不约而同地说，"炒鳝丝真好吃！"

厨师大叔和蔼地看着我俩："算你俩有口福，这是专为

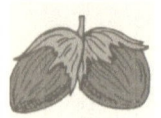

船员准备的工作餐。今儿正好有剩余，让你们赶上了。"

从此这盘炒鳝丝在我俩的记忆中永成定格。

夜深人静，依着栏杆，傍着大海，我和JJ会心一笑，心里想到的是同一个人，同一盘菜。记忆中那天的月亮很亮，海水很柔，将厨师大叔衬得格外俊美。

我想在我们如水般流过的岁月里，必然会有一些看似微不足道的小事和不相干的音容笑貌会留在心里吧。这盘炒鳝丝不会因日子的流逝而白白地逝去，该留下的一定会留下。不管是只有那一次或者只是某一时刻，也不管是认识的还是不认识的，这样的记忆永远值得回味，值得收藏。

日出

　　清晨，睡眼惺忪地奔上阳台，在巨轮上看海上日出。只见天际出现了一抹红，那是朝阳初升前的火彩。

　　那火彩越烧越旺，最后跳出个燃烧的火球，和海洋相映生辉。

　　朝阳初升，炽热却不逼人，有一股暖心窝的感觉。从未如此靠近朝阳，好似伸手可将温暖相拥于怀。

　　只见海洋追逐着朝阳，朝阳亲吻着海洋，共同唱响生命晨曲。

　　又见朝阳顽皮地挣脱了海洋的拥抱，不想湿了美丽的光芒，这光芒不仅照亮海水，还洒满了人间大地。

　　此时此刻，朝阳和海洋的交融向我展示出一种无法触及的美丽。在这样的清晨，当朝阳透进我的心里，又让我

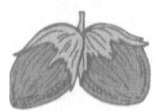

无法克制地有一种对青春美丽的渴望。

我曾经也似朝阳般的年轻灿烂，活力充沛。总以为这样的灿烂和活力会持久永驻，不成想如今于我已是一场永不再现的梦境。

因此在这样的清晨，茫茫大海中遇到如此美丽鲜活的朝阳，怅然回顾的我，除了对造物主的惊叹之外，心也在刹那间变得饱满、顺畅和安宁。

我不再害怕暮色来临，对那个在逝去的青春岁月里曾经认真生活过的我，无怨也无悔。我明白青春的美丽与珍贵，就在于它的可遇不可求，在于它的永不再回。

那升起的是怎样的一轮朝阳！那曾经拥有的又是怎样的一种青春！此时此刻它们如醇香美酒，似乎都在这个清晨被我一饮而尽，薰然而回味无穷。

夕阳有感

傍晚，在甲板上看海。

蓝天下的海洋总让我屏息流连，因为在大海与蓝天之间有一个辽阔世界，触手可及，却又深远不可捉摸。

喜欢独自在船上行走，胡思乱想。海风徐徐吹来，空气中有一种丰美和充实的味道。

此时此刻，城市和山峦都退到了很远的地方。海面越来越宽阔无边。我不知海洋有多深，有多大，有多少暗礁险滩，更不知它经历过多少岁月。

天边厚厚的云层中透着一片夕阳，在灰蓝色的暮霭里散发着凄艳的光彩，犹如火山喷发的岩浆，美得耀眼，亮得灼心。而乌云正悄无声息地笼罩下来，夕阳挣扎着从乌云的重压下散放出最后的余辉，如鲜血染红了大海。

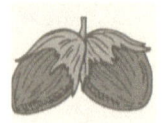

　　一个念头闪过，冷酷而无情：在人生的旅途中，你就是一个过客，生命终究会像这落日残阳，会有乌云笼罩身边。你会老去！你会离去！心头不由掠过一丝阴影。

　　身边一群年轻人，喝着啤酒打闹，荒腔走板唱歌，随着音乐劲舞，青春是这般的无忧无虑，轻松快乐。我怔怔地站在他们身旁，心中充满羡慕，为何我就不能和他们一样呢？

　　突然，人群中挤进了一位白发老妇，举着酒杯，伴着音乐，扭动腰肢，忘情舞蹈。她大胆的律动，爽朗的欢笑，感染了身边所有的人。

　　心中亮了一下。是啊，生命原本就是无法解答的谜，初升的朝阳和西下的夕阳都有其特定的意义，有其必须遵循的轨迹，有其无可抗拒的美丽，我又何必为此苦苦纠结呢。年轻的外表不可再得，但年轻的心境却可以存留。与其寂寞看海，不如以年轻的心态去尽情享受夕阳的美好和温柔吧。

墨西哥村落游

清晨，巨轮载着我们来到了Mazatlan。

这个城市已有二百多年历史，岁月便是它的底气。只见街道宽阔，绿树成荫，商铺林立，车来人往，生机勃勃。

不过，我们今天的活动并不是城市游，而是沿着盘山公路往深山前行。

一路层峦叠翠，空气湿润，风景优美。大巴载着我们去参观当地的二个村落。

导游说这里的墨西哥人生活十分贫困。许多人家一天才挣五美元。没有医保，若家庭孩子越多，意味着父母要加倍的打工赚钱养家糊口。

这里盛产西红柿，却卖不出价，二十磅西红柿只能卖得一美元。

　　途中路经一所中学，操场上有一个篮球架，空荡荡的不见一人。导游说学校是没有老师的，学生学习主要靠电视教学。

　　沿途有卖陶瓷的，比城里叫卖便宜许多，十几个美金可买好几样东西。

　　在一个小村庄里，我们观赏了制作瓷砖的过程，还进了一个黑洞洞的面包坊，从一个胖墩墩的墨西哥姑娘手中买了二大袋当天烘焙的各式新鲜面包，只花了五美金。

　　然后来到了一个叫 Capala 的村庄。

　　村庄建于十六世纪，很老也很美。这里青山环绕，草木葱茏。进村有一条由鹅卵石铺就而成的小路，路口有一个村子仅有的小学，学校没有看到任何人。沿着小路走去，四周可看到许多古老的房屋，还有废弃的餐馆。它们破落却整洁，残缺仍有情调，只是人去楼空，只留下满目苍夷，凄凉孤寂，故当地人称此村为"鬼村"。

　　一路上几乎不见人。只有几个孩子拿着几块不知从何

捡来的破石头，追着我们叫卖。偶尔也见到一扇开着门的老屋，里面坐着个老妇，脸上毫无笑容，显得十分孤独寂寞。

村庄深处，霍然又见一座古老的教堂，整个是用石头砌成的，顶端半球上竟长着绿草，还有个十字架，像似一个坟墓。导游说教堂已有四百多年的历史，至今仍保留了当年状态，甚至连四百多年前传教师用过的餐具也完好的保存着。

感觉教堂年久失修，已处于风雨飘摇之中，但仍不失其古朴，庄严及神圣，故常常吸引许多城里年轻人来这里举行婚礼。

走出教堂几步之遥，有一间小屋。进得屋去，只见满墙挂满了皮制的面首和娃娃脸，是当地一位民间艺人的"作品"。

民间艺人此时就站在屋中间，见我便上前热情招呼。我随便挑了几样在手，他却又取出一堆要我全买了，说可以便宜些。说心里话，这些东西没有什么创意，千篇一律的面首和娃娃脸，做工也谈不上精致。我有些犹豫，环顾四周，满墙"作品"无人问津，看着年轻人满眼的期盼，心中不

忍，不再顾虑，一股脑儿将他递过来的全收了。

离开村子时又有几个孩子围了上来，拿着同样的破石头。年龄最小的只有六岁左右，仰着稚气的小脸让我买他手中的石头，只要一美元。可我钱包已空，只剩几个硬币。我将几个硬币轻轻放在那小小手掌上，转身离去，心中难受得想落泪。

恨自己出门未带足银子，不然统统用来买孩子们手中石头，或许自己心里会好受些。

天开始下起雨来，湿了大地。

我没有办法想像"鬼村"居民的生活状态和心情。在游轮上，我们吃喝玩乐，应有尽有。而在"鬼村"的这一群呢？又要用多少时间才能实现安居乐业的自由和希望呢？

多伦多钓鱼记

多伦多的外甥亮亮告诉我们，在多伦多米湖上钓鱼很有趣。

他发了些照片来，显示他曾经的钓鱼成绩，照片上除了美美的一顿鱼宴，还有冰箱里塞满的各类大小鱼。

看着他的业绩，我非常期待去多伦多能约一次鱼。想象自己一下一下甩着鱼竿，一条条大鱼上了钩，活蹦乱跳在我手中扑腾，心里就笑开了花。

说着想着这一天就到了，是多伦多十月的季节。

那天一大早，亮亮租好了一条八人座的机动船，带着我们全家兴冲冲去米湖钓鱼。

米湖的水很绿，周边岸上都是一些简易小房，供游人度假用的。这天天气晴朗，阳光温柔，给人感觉是收获的前

奏。每个人都因兴奋好奇而卯足了劲。临上船前亮亮挥起鱼竿向大家宣布，晚饭等着大开鱼宴，吃它个痛痛快快。

船开动了，迎面的风将衣服吹鼓了起来。我是船上唯一全副武装者：脸上蒙了一个防晒口罩，外加超大墨镜，再将一件薄薄外衣套在头上，左右二只袖管随风起舞，严实得连出气的鼻孔都找不见，船上人人看着我直发笑。

不一会儿，亮亮将船停泊在一个水草区域，说有水草处才会有鱼。大伙儿便一人提一根竿，各自分头钓鱼去了。

鱼竿有大有小，有贵有贱。JJ手中的一根竿是最贵的。鱼饵也各不相同，有蚯蚓，有小鱼，有羽毛，有亮片，相同点全是人工制造的。

甩竿是一门技术，得轻轻一抖，将线划一个抛物状，落入水中，再慢慢收线。线要甩得越远越好。我们一行笨手笨脚，很大动静地说笑甩竿，而且状况连连。一会儿两根竿的线缠在了一块，费好大劲才拆开，一会儿甩出去的鱼饵又弄丢了。而我呢，一竿一竿钓上的都是一堆沉甸甸的水草，

鱼儿不知何处去了。

几小时过后，我们一无所获，身子开始被正午得阳光晒得懒洋洋的，大家干脆扔了鱼杆吃起了午餐，我则抱着鱼竿一旁闭目歇息了。

亮亮说，最好的钓鱼季节是六月，这里常常有钓鱼比赛。米湖盛产大鱼，以前他钓的多是鲈鱼，五六磅重，没有一次空手而归。

亮亮也觉得这天鱼儿少得反常，但他坚定认为能钓到鱼。

又几个小时过去了，机动船去了不同几个地方仍一无所获。只见附近有海鸥和水鸭不时叼住鱼儿吞食，可鱼儿就是不上我们的钩。我们已开始讨论晚上去超市买鱼充数，不过真的很丢人。

天色开始沉了下来，湖上起了浪，水面叠起了层层块状，宛如梵高的油画笔触，惊心动人。

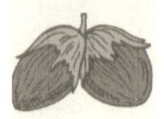

　　所有人都放弃了，而亮亮甩出了最后一竿，突然有了动静，他叫道："有鱼！有鱼！"只见他顺势收着鱼线，小心翼翼地拉到船旁，往上一提，一条五磅左右的大鱼顿时跃入众人眼中，齐声欢呼。

　　亮亮告诉我们，这鱼名叫Walleye，常常游在深水中，不易捕捉，但味道绝佳。

　　除了亮亮，我们全部空手而归。但大家都玩得十分尽兴。

　　JJ意犹未尽地说："我们这次还是起得不够早，若再早起几小时，一定能钓到鱼！"

白求恩纪念馆

读小学时，白求恩的名字便刻在了心里。觉得一个高鼻子，大胡子，蓝眼睛的外国人，不远万里来到中国救死扶伤，真是太伟大了！

这次去了加拿大多伦多，听说离我宾馆二个多小时车程就是白求恩故居，便毫不犹豫放下行李，驱车前往。

沿途，满目绿意。两旁密密的松林和隐在其中稀稀落落的一些住屋，让我感觉这里人群并不密集。

下午三点时分，我们来到了格雷文赫斯特的白求恩纪念馆，说是纪念馆，其实也就是白求恩出生的房子，普通得不能再普通了。

房子是浅绿色的，前院是一块大草坪，散散落落着几把靠椅。后院也是草坪，草坪之间有一小径，直通室内。

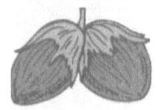

　　二层楼的屋内，摆满了各式陈旧家具，却不敢说和白求恩生活有关。因为他只是在这房子内出生，长到三岁便随父母搬离他处。

　　纪念馆虽小，却让我了解到一个有血有肉的白求恩。曾经的《纪念白求恩》让他在中国家喻户晓，但他的人生经历和个人魅力远远比这要丰富。

　　在这里，我不仅看到了一个人道主义的理想家，也看到了一个与众不同的艺术家。

　　他纯真率性，激情满怀，为人风趣，活力四射。高中时，他属于那种忙于运动和各种爱好而疏于学业的学生。

　　成年后，他又特别羡慕艺术家离经叛道的行为、衣着和言论。他绘画，写作，喜欢冒险，行为做派更近于一个艺术家。

　　不过他对医护工作的态度还是获得了大家的认可。他非常敬业，人道主人精神让他对地位低下的病人和位高权重

的大人物一视同仁。有人说他"一直是个穷鬼,钱对他来说除了花费没有任何意义"。

也许从小生活在牧师家庭的原因,基督教家庭原本赋予他的福音传道者精神逐渐转化成强烈的社会责任感。

他虽然也有过风流不羁,狂傲自大的生活和举止,但心中的理想让他毅然放弃舒适优越的生活,远赴西班牙和中国,从花花公子式的冒险者蜕变为不畏牺牲的国际共产主义者。

他在众人心中最为可贵的品质就是他对弱者,伤者和无助者的悲悯之情。他的大半人生中,都是朝圣之旅,而他却乐在其中。当年他在中国晋察冀写给加拿大朋友的信中说:"我真的想念咖啡,三分熟的烤牛肉,苹果派还有冰淇淋。想想都是绝佳的美味啊!还有书籍——还有人写书吗?还有人听音乐吗?你们还常常跳舞、喝啤酒、看画展吗?躺在那铺着白床单软乎乎的床上是什么感觉?姑娘们还渴望被人爱吗?但必须遗憾地说,如果我再次获得了上述所有的东

西，也不会带给我惊喜。"

白求恩一生结婚离婚二次，都是和同一个女人。她叫弗朗西丝.坎贝尔.彭尼。遗憾的是二人没有子嗣。

向纪念馆工作人员打听了目前白求恩家后人情况，却被告知已无后人。

临别，我环顾了一下周围，发现纪念馆的工作人员多过参观者，而参观者多为中国人。

寻找考拉和袋鼠

去澳洲前，听人说澳洲袋鼠多的和人一起等公车，树上到处趴着考拉等你上前去亲热，到了墨尔文才知都是些扯淡。

墨尔本住了几日，连个袋鼠和考拉的影子都没见着。和袋鼠近距离接触也只是在餐馆的盘中餐里，儿子和JJ试了一下都说袋鼠肉不好吃，比牛肉差远了。考拉只在店里可见，那种毛茸茸的玩具，加州也有，心里不免有些失落。

这天，JJ突然说要带我去悠扬山寻找袋鼠和考拉，不由喜出望外，欢呼雀跃。

此行共五人。向导是英国籍的澳大利亚女孩，名Amy。除了我和JJ，还有一对七十左右的夫妇，从丹麦过来。

从市区到悠扬山只需一个多小时。

Amy告诉我们悠扬山是当地原住民保护区，名字源于原

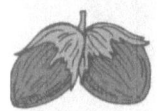

住民语 "Ude Youang"，意思是平原上的高山。那里是考拉和袋鼠及其他野生动物的生活区，它们不仅被重点保护着，也是专门的研究对象。

到了悠扬山，感觉来到了另一个世界。这里清爽宜人，鸟叫虫鸣，安谧宁静，非常自然和谐，是我喜欢的地方。

我们走在丛林深处，到处是松软的落叶和树枝，还伴着厚厚的地皮和花草，Amy说为了考拉更好的生活，许多矮树灌木都砍了。

Amy又说在这里可能会遇见世界上最著名的考拉之一克兰西（Clancy），它和它的许多女朋友生活在这里，我们方知今天是来考拉家做客了。

慢慢走着，只见林子中一棵树上系着一根粉红带子。Amy"嘘"了一声，说这里有考拉。

她要我们聚集一块，不要分散走动，否则考拉会受惊吓的。

　　然后她用手指向一棵树，果见一只大考拉正坐在高高的树梢上休息呢。Amy说这是这里最大的考拉，有三十五磅重。

　　考拉真是懒啊，半天也不挪一下，我们仰着脖子都酸了，它也不向我们露一下脸。

　　继续往前走，看见地面上爬着红色的大蚂蚁，Amy让我们小心不要碰上它，否则被咬一口，后果难测。

　　一路上还遇见各种美丽鹦鹉，黑天鹅，野鸭，野兔和带着小鸵鸟的澳洲公鸵鸟。森林里有许多不知名的花木，尤其是那些参天古树，会让人不由自主地和它们之间悄悄交流，这种无拘无束的放松，是紧张的城市生活所缺乏的。

　　又见树上的一条粉色丝带，Amy带我们悄悄走了过去，只见树叉间懒洋洋坐着一只考拉，眯眯着眼，很舒服的样子。"是克兰西！"Amy惊喜地说。她说克兰西已很老了，有一阵没有出现，都以为它死了，这些日子它又回来了，大家都十分高兴。Amy接着说克兰西周围有许多女朋友。交配日时，克兰西就会大声唱歌吸引女友。但它的歌喉实在不敢

恭维，像猪叫，很吵闹，但女考拉们喜欢。说完，Amy模仿了它的声音，实在难听。

随后，我们又遇见了KiKi和Mimi一对母女，它们相拥坐在一根很细的树杆上，胖胖的身体随风摇曳着，感觉随时会从枝头上掉下来似的。Amy说考拉喜欢吃嫩的桉树叶，所以总是坐在树梢头。因为吃的树叶没什么营养，它们精力十分有限，造成动作非常缓慢，偶尔也会下地走走，但大多时间都会睡觉。我们这次运气不错，在暖和的阳光下，KiKi和Mimi开始动作起来，慢慢转一下头，懒懒的挥一下臂，至少让我们看清了她们的脸，无比可爱的圆脸上嵌着一个圆圆的大鼻头。

午餐是野地一个避风棚里吃的。

Amy准备了各式可口的三明治，水果和蛋糕甜点。她还专门为我们准备了Lili香叶茶，是当地一种树叶，有一股特殊香味。她先泡上一壶英国黑茶，再在茶里放上许多Lili香叶，然后用手抓着壶把转了几个圈，叶子即刻沉入水底，打

开壶盖，一股清凉香气扑面而来，喝上一口非常惬意。

下午主要是去看袋鼠生活区。路经一个巨大石块，踏上巨石背脊，野生动物保护区尽收眼底。Amy 指着正前方大块农地，说现在那里已对野生动物开放。要保证野生动物不绝迹，人类必须为它们提供足够的生存空间。而我们脚下的一片森林属于老区。

我们在一片平坦开阔的绿地上，看见奔跳的袋鼠。又在附近林子里近距离的与一群袋鼠相遇，它们正在那里歇息。袋鼠前肢非常细短，后腿极粗壮。因为人类曾经大肆捕杀它们，野生袋鼠仍对人类保持着警觉。Amy 让我们不要靠近它们，万一被踢上一脚，恐怕会酿成悲剧。其实被踢的可能性甚小，三三两两的袋鼠有坐，有躺，有站，还有一只小袋鼠在母亲的袋子里吸奶，另一只正用前肢抓背搔痒，等我们一靠近，便个个支起身子随时准备逃离。

袋鼠们支坐的样子极其可爱，像一个个乖乖听话的小孩，可就是不让人靠近，野生的和人工饲养的区别就在于此。

　　回程路上，又看见一群沙袋鼠（Wallaby），主要生活在澳大利亚和新几内亚。毛色较深，体型很小，也称小袋鼠。

　　还看见一只负鼠藏在树洞里睡觉。

　　而Amy每次都能如数家珍地说出每只动物的名字和故事，看得出她是从心底里热爱这些动物。

　　一天下来，和野生动物近距离接触，竟丝毫没有感觉累乏。唯一遗憾的是不能抱一下考拉，摸一下袋鼠，但却考察了独一无二的考拉和袋鼠的野生环境，别有一番趣味。

澳洲小企鹅

去澳大利亚菲利普岛观赏小企鹅大游行是绝不可错过的一程。

从墨尔本市区到菲利普岛约二百公里路，我们顶着狂风暴雨一路行驶。

终于来到菲利普岛小企鹅繁育地和保护区。这里曾经是居民生活区，不仅居民养的猫狗对小企鹅造成极大威胁，而且小企鹅也常常成为捕食者的盘中餐。为了保护小企鹅，政府将居民生活区全部买下，打造成今天具有一定规模的小企鹅生活区。

这次没能买到VIP票，买的是地下通道票，免去了风吹雨打之苦，却不能亲眼目睹小企鹅们随着浪潮回家上岸的一幕。

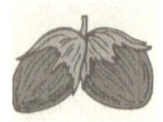

地下通道的室内一般只能进七十人左右，像一个地下碉堡，里面有视频直播小企鹅上岸。半面是透明的窗，窗外是小企鹅回家的必经之路。窗和路设计在一个平面上，因此小企鹅在我们面前经过时不愁看不清楚。

观赏小企鹅之前，工作人员再三叮嘱不能拍照。因为曾经有大批小企鹅死去，最后发现刽子手竟然是照相机和手机。因为小企鹅的眼睛非常敏感，摄入六次闪光，眼睛就全瞎了，而失去了生活能力的小企鹅，也就失去了生命。

晚上八点十五分左右，雨急风大，海边涨潮了，潮流送上了第一群小企鹅上岸。不一会儿就来到了我们面前。

第一次看企鹅，没想到这么小！大约只有一公斤左右重，还没有一只大鸟大。它们挺着圆呼呼的肚皮浩浩荡荡的走了过来。接着第二群，第三群，一群接一群的过来了，观赏人群中不断发出惊呼和欢笑。

它们行走姿势各异，萌萌哒的样子超可爱。有的摇摇摆摆走着，有的走二步摔一跤，有的因太胖像球似的滚动

着，有的偏离方向竟走到了我们鼻子之下。它们会互相招呼，尽量不掉队；它们也会互相等待，凑数前行；也有的干脆脱离大队，钻进草丛早早歇息；而有的等着配偶不安地叫唤着；更有一只公企鹅忍不住当众与一只母企鹅做起爱来，旁边几只企鹅边看边等，习以为常。公企鹅是吃了锅里的还不忘碗里的，一边和身下的母企鹅交配，一边和身边等待的另一只母企鹅亲嘴，完事后，抖抖身体，它们又继续前行。

这些小家伙们早出晚归，浩浩荡荡，只听一片小脚丫子踩着泥地的"噼啪"声，这一晚的游行队伍共有八百多只小企鹅！

其实买什么票都无所谓啦，最后每个人都可以在栈道上与栈道下的小企鹅们一路前行，观赏它们的各种萌态，而小企鹅近在咫尺，触手可及。

瑞典印象记

　　曲先生和闺蜜是朋友，二人都是带牌专业导游，只不过一个丹麦专业导游，另一个是瑞典专业导游。

　　一路和他们在一起，发现一个有趣的现象，即两人都具有坚定的爱国主义情结。

　　这天安排了皇后岛，瓦萨博物馆，城市观光一日游。

　　当我们来到皇后岛时，闺蜜悄悄在我耳边说，看过丹麦皇宫，这里就没看头了，节省时间看别的吧。

　　可曲先生坚持说里面值得一看。

　　他说皇后岛有着瑞典凡尔赛宫的美称。是当今世界保存的最完整的十七世纪宫庭建筑。如今仍是国王和王后的寝宫，但宫殿的许多部分和公园均向游客开放。

　　一走进宫内，富丽堂皇的大理石墙面和众多雕塑便跃入眼帘。闺蜜批评说这大理石是人造的，上面的花纹全是颜料，也太拙了吧。曲先生尴尬地说："本不想提的，到底是丹麦资深导游，眼睛就是毒！"

　　走到一组巨大油画前，曲先生兴奋地大声解说这些油画展示了当年瑞典打败丹麦的辉煌战绩，是瑞典人的骄傲。闺蜜的脸挂不住了，指着一个大雕塑说，这是从丹麦抢来的吧？曲先生说不是，是从布拉格抢的。

　　闺蜜不甘心，四下寻找。曲先生说别找了，那雕塑已毁了，早不存在了。接着又继续开始了瑞典历代国王，王后的宫中八卦。

　　我心不在焉地听着，感觉一间间展厅中没看见多少珍宝，只是注意到瑞典王室装潢色调大多是以蓝色和绿色为主，或许这和斯德哥尔摩美丽的水城风格有关吧。而最早期的装饰壁纸看着像是巨幅油画。王后的寝室极其豪华，却是又睡觉又办公的地方。而且有一个暗门可以直通楼下国王房

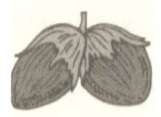

间，是国王夫妇幽会的通道。与丹麦王室比，瑞典王室不那么强调王室贵族血统的正统和纯粹，众多的王室肖像画中还混杂着许多俄国、英国等王族的肖像，一幅幅巨型肖像的展示，想必希望后人记住他们。可我走了一圈，竟然没有记住一个人的名字。

闺蜜又评论说瑞典王室宣传的全是王后，女权至上。王室历史也无系统，关系乱七八糟，很难理顺，不像丹麦王室一脉相承，贵族血统纯正高贵，一目了然。言辞中无不透出对丹麦的骄傲。

旁边的曲先生装着听不见，招招手让我们看窗外的后花园。他说这是世界唯一集巴洛克式，洛可可式，英式花园风格于一体的皇宫后花园，很值得一看。

从宫庭窗口向外眺望，皇宫花园尽收眼底。中间是人工修饰，整齐有序的巴洛克式花木、左边是按自然地貌特征规划的洛可可式林园，而右边是草坪，树林和人工湖自然交融的英式风格。可惜我们来的季节不对，喷水池无水，树

木光秃，草坪枯黄，没有鲜花，只有空旷的凋零，北方的寒冷。闺蜜坚持说这里比起丹麦女王的夏宫花园差太远了。

曲先生则一再强调若是夏天来这儿，绝对的鲜艳美丽，我只有相信他的话。

接着他又带我们观看了宫庭剧院和中国宫。

宫庭剧院外观极其普通，就像美国的一般住房，连石砌的墙面都没有，我们没有探究的好奇。

中国宫则隐在离皇宫有一段距离的树林中，看上去不伦不类的，凤凰不像凤凰，龙不像龙，宫庭的颜色也缺乏中国味，但仔细看有那么丁点中国味，JJ说是元朝味。树林里的卫队住宅是二个蒙古包。中国宫很小，也不开放。一个主宫边上几个小宫，散落成一体。其实这些称谓小屋也不为过。其中一个地势偏高的小屋颇有意思，从窗户向里张望，注意到一些盖着白布的家具中，有一个餐桌和送食物的家具可以在地板中升降。据说国王见客时，不愿外人旁听，故出此招。看不见的厨房原来造在地板下，也亏

瑞典国王想得出来。

皇后岛面积很大，但看点的确不多，但美丽的湖泊，树林，天鹅，野鸭等自然风光仍给我留下了宁静而美好的印象。

皇后岛出来，沿途风景如画。

我们说说笑笑来到了瓦萨博物馆。

在闺蜜眼中，瓦萨博物馆存列的是瑞典历史的一个沉船笑话。而在曲先生眼里，瓦萨博物馆存列着世界现存唯一的一艘十七世纪的皇家战舰，是瑞典人引以为傲的珍贵古董船。

一踏进博物馆，瓦萨号便闯进我的眼中，我不由为它的精美和完好啧啧赞叹。

巨大无比的船体，曾经的鲜艳色彩早已荡然无存，展现给世人的是历史沉淀多年的褐色包浆，显得格外浑厚独特，更具魅力。船头有一座重达450公斤的狮像雕座，船尾

布满了众多雕刻装饰，据说当年船上有64座加农炮，配有150名船员，船长室内挂有油画，摆放木雕，配有玻璃窗，风格非常艺术奢华。

陈列馆共有七层，里面阵列了许多打捞上来的实物，诸如大炮、食物、船帆、金币，水手服甚至还有沉船事故中未能逃生的尸骨。

曲先生娓娓解说，瓦萨号是十七世纪的皇家战舰，建于古斯塔沃二世在位期间，是当时世界上最强大的战舰。但由于船体重量分布不均匀的原因，在1628年8月，下水首航行驶了没多远便在强风中消失沉没在了斯德哥尔摩码头，一沉便是三百多年。后来在海洋考古学家安德斯.弗兰岑的努力下，经过长达四年的打捞和搬运，修复工程终于完成。因为船下沉处正好是湖水和海水交接处，盐度不高，也少有生物，船体的大部分未遭腐蚀和破坏，是一大奇迹。最后曲先生又细说了船的高度，长度及宽度，一大串数字显示了一个瑞典导游的专业实力。

　　最后曲先生带我们去了里面的影院，放映内容讲述了瓦萨号的建造，沉船及打捞的过程。我们看的一场，用的是英文翻译字幕，解说却是中文，我们看的津津有味，旁边的曲先生则睡着了。

　　出了瓦萨博物馆，闺蜜有些不服气，她认为曲先生解说不够完整。她说当时瓦萨号就是因为要和丹麦比大小，丹麦船是三层的，瑞典便在原本设计二层的瓦萨号上又多加一层，才造成船体比例失调沉的船。而且当时国王下令调查事故原因，要严惩肇事者，结果调查到最后发现是国王自己的原因，此事便不了了之了（当时并没有王者与庶民同罪一说，国王有着和神一样的地位）。闺蜜接着问我是否看见展厅里有二个村妇互相悄悄议论的模型，我点点头。闺蜜得意地笑着告诉我，她们这是在议论国王啊。说到底瓦萨沉船就是瑞典国王要和丹麦比而闹出的笑话。和塔尖高度一样，丹麦市政厅高度105，瑞典偏偏要加到106，总是要和丹麦比！

　　闺蜜问曲先生："这些关健的东西你怎么可以忽略不

提？”

　　曲先生幽默地回道：“若无当年的失误，我们今天又怎能看到如此珍贵的十七世纪皇家战舰？”

　　瓦萨博物馆出来，已是傍晚。

　　闺蜜认为斯德哥尔摩看得差不多了。而曲先生则坚持斯德哥尔摩还有许多看点。他热情地驾车带我们环城一圈走马观花。

　　曲先生说斯德哥尔摩是由14座岛屿加一座半岛组成，其历史可追溯到中世纪。如今整个城市遍布于14个岛屿，并成为波罗的海和梅拉伦湖的天然分界线。

　　我不得叹服斯德哥尔摩周边岛屿令人陶醉的独特景色，“梅拉伦湖的女王”“北方威尼斯”“漂浮在水上的都市”“水城”等美誉名不虚传。

　　曲先生一边驾驶，一边如数家珍向我们介绍斯德哥尔摩的点点滴滴，每一个角落都不放过。

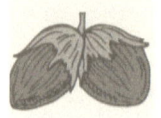

在峡湾街，我们下了车，在寒风中瑟瑟发抖地观赏了斯德哥尔摩全景。

感谢曲先生的热心，我们还看到了袖珍剧场（只有二十个座位，一位演员，票价奇贵），瑞典首相帕尔梅被暗杀的地点，斯德哥尔摩综合症源起的银行等，这些都是游客走不到的地方。

只是有时曲先生讲得太忘乎所以，常常不是开上one way 就是闯红灯，一路被身后汽车鸣喇叭。途经艺术家尤金王子故居的门口，他竟然想无视警牌，装傻充愣驾车直入，最后被我们一致劝阻。

我能理解他的心情。作为在斯德哥尔摩生活了二十多年的专业导游，热情传播当地的文化，历史，美景及风土人情是义不容辞的责任，更何况这次还有个丹麦专业导游在一边和他较劲呢。

想起几年前，丹麦获奥斯卡最佳外语片《更好的世界》影片中修车师傅因为是瑞典人而被嘲笑的情景，好像有

点儿丹麦人看不起瑞典人的感觉。

　　闺蜜说这还不至于。丹麦和瑞典就像兄弟一样，平时吵吵闹闹，但对外又团结一致。只是丹麦历史比瑞典要长久，皇室又一脉相承，而瑞典常常改朝换代，血统混杂，又加上瑞典总喜欢处处和丹麦较劲，什么都要超过丹麦，让丹麦人觉得瑞典人为争做北欧第一的种种举动，实在无聊透顶。

　　我终于明白了为什么第一眼看到的丹麦人，脸上充满了高贵和骄傲，而第一眼看到的瑞典人，脸上充满着朝气和活力。

巴塞罗那印象小记

巴塞罗那是现代而时尚的，从语言到建筑，从人文到政治，它处处张扬着超常的活力和生机，以及渗透在城市各个角落缝隙里的商业气。

"You're not in Spain, You're in Catalunyal"，这句话让我看到了这个城市的不可一世的独立性格和气势。

巴塞罗那的La Rambla街道被称之为欧洲最美的步行林荫大道，它因繁华而扬名，也是巴塞罗那新老城的南北分界线。大道两旁摆满了各式冰淇淋，饮料，花卉及礼品摊位，一排街头画家们正忙碌着为过路行人画着肖像。路边的一个高楼阳台上，一个模特正在扮着梦露，向街人做着各种性感姿态，女儿悄悄说这是一个 Erotic Museum（色情俱乐部）。而对面的街面上，一座穆斯林的建筑楼层，华丽肃穆，正向

路人讲述着它那古老而神秘的故事。而边上的古老门洞里延伸的青石板路，让我联想起了中国古镇的街道。也许就是这一些生机，使得这条大道滋生出了如此万般风情和百态。

不过这座城市给我印象最深刻的，要属高迪的建筑作品，它以绝无仅有的现实主义和超现在主义的独特魅力深深吸引着我。

高迪设计的 Sagrada Familia 大教堂位于地中海边，高入云端，骄傲地俯瞰着整个巴塞罗那。它的高大宏伟，让周边建筑顿时尤如玩具般毫不起眼，是极品之最。它以其无法抗拒的震摄力，让每个人为之啧啧称奇。

浑厚的造型，流畅的线条，耐人寻味的意识流创意，迅速将我领入了一个世俗之外、无可预知的梦幻世界，几度让我误以为身在天堂而再不愿回首人间。

与传统教堂不同，高迪设计了一个有机的，野性的，自然的，童话般的热带雨林幻化场景。支撑建筑的大圆柱象征着棵棵大树，铁铸的大门雕满了栩栩如生的鲜花，绿叶和

各种昆虫。彩绘的玻璃窗穿透着来自四面八方的自然光，神奇地表现了诞生，死亡和重生。从而使得大教堂充满了生动与神秘。我不得不折服高迪完美而成熟的艺术手法！

在"诞生"群雕中，我找到了怀抱基督的圣母与约瑟夫身旁的驴雕。据说为了雕刻这头驴，高迪费尽了心思找到了一头长途跋涉，疲惫不堪的老驴。

在弥撒的大堂内，十字架上的基督是高迪重病中创作的。因为他认为这是他能够细致入微地刻划基督受难的最佳时刻。

在"死亡"群雕中，我找到了"death of justice"。高迪为了雕像的入木三分，曾去医院买尸体，但当时没有。后来一个护士告诉他，有一孤独老人即将离世，他才有机会完成了这个雕塑。老人也因此在Sagrada Familia的艺术场景中得以永生。

高迪不愧是建筑设计的天才。四代铁匠出身的他，在他的作品中还增加了许多铸铁元素，使得他的建筑更是别具

风格。值得一提的是，他的作品已有六项被列为世界文化遗产，这是极高的殊荣了。

Sagrada Familia 是当今最后一个未完成的教堂。它计划在2026（高迪逝世一百年）彻底完工。那时，我一定要重游故地，因为高迪的灵魂艺术已在我心里深深扎了根！

看完教堂，又去看了高迪的另一个著名作品—Guell 公园。非常奇特好看，有着童话般的美丽。晚餐是在4Cats吃的。它曾是毕加索当年常光顾的餐馆，也是毕加索首次画展的所在地。

巴塞罗那这个城市虽然让我感到深不可测，但La Rambla大道和Sagrada Familia大教堂，毕加索博物馆仍给了我与之碰撞和交流的机会，哪怕只是蜻蜓点水。

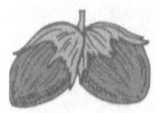

奈良的野鹿不怕人

在日本京都，我和 JJ 去了一趟奈良。

快车一小时不到的路程。

奈良最吸引我的是鹿，虽然是野生的，但不怕人，传闻奈良的鹿儿会鞠躬。

我终于在东大寺和奈良国立博物馆见到鹿了。

这里的鹿胆好大。大模大样在街头行走，在汽车群里横穿马路。路边的花丛中，大树下，草地里，小道上，到处是它们的身影。它们不怕没吃的，因为游客都喜欢它们，买了食物不停主动喂它们。

我包里带了些面包，便拿出来喂。只见一头鹿开始走向我，我喂它一口，然后点下头示意说"鞠躬"，它果真低头鞠躬了。这下乐坏了我，我继续喂它，叫它鞠躬。发现它一

次可以鞠上七或八次躬。

一会儿又来了一头鹿，这家伙比较调皮，用嘴就往我的面包口袋里拱，我赶紧躲开，掏出一块面包喂它。它吃完继续往我身上拱，口水弄湿了我的衣服不算，最后干脆用嘴扯咬我的衣角讨吃的。我喂了它后赶紧逃离。

路上又遇到母鹿带着小鹿的，我喂母鹿，它毫不客气地大嚼起来，小鹿并不怕人，但怎么也不接受你的食物。

又见一游人牵条小狗大摇大摆逗鹿们。那小狗仗着人势，冲着鹿们吠，不想鹿们根本不将它放在眼里，将前蹄刨得高高的，向小狗冲去，小狗吓得赶紧夹着尾巴躲到了主人身后，这样几个回合，小狗彻底败下阵去，我在一边看得津津有味。

东大寺的大殿门口还躺着一头老鹿，行人走过或走近，它一动不动，连眼皮都懒得抬一下。你喂它，它便吃，你不喂，它也不上前来讨吃的，和人一样，老了便不爱动弹了。

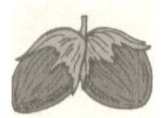

看鹿看得都忘了东大寺，赶紧进去溜一圈。

东大寺位于奈良东部，是南都七大寺之一，距今已有1200余年的历史。东大寺也是世界文化遗产。东大寺的大佛殿是世界最大的木造建筑，里面的大佛像有15米高。

奈良博物馆是懒得进了。广告上宣传的博物馆珍宝竟然是中国的青铜器。

我走马观花转了一下，赶紧又出来逗鹿玩。

追逐北极

阿拉斯加之行，我最强烈的愿望就是寻找北极光。

午夜时分，室外气温已降至零下摄氏二十七度。我和同行的几个朋友从暖暖的被窝里钻了出来，顶着刺骨的寒冷，跟随向导出发去Coldfoot附近的Wiseman，在那里静静等候北极光。

向导说："这几日天气晴朗，是和北极光相遇的好日子。夏时制前，观赏的最佳时间为午夜12点至2点。而夏时制后则是1点至3点。"

Wiseman有一间四十年代原木制做的小木屋，古朴又结实，里面有供客人取暖的火炉和开水。制造小木屋的主人早已不在人世，但他旧日的物品仍整齐地安放在小木屋内，似乎隐约还能听到他的呼吸和脚步声。我的视线掠过他曾用来

打猎的长枪和用鸟羽制成的美丽扇面，还有一堆他用其一生收藏的有关北极光的书刊杂志，我相信今晚他会与我同在。

我悄然踱到门口，只见室外的旷野中也有火炉供人取暖，无奈酷寒难挡，仍驱散不了寒气袭上身子那刺骨的冰冷。

我仰望天空，那里群星璀璨，犹如旷古悠长黑暗中希望的一首歌，撩拨着我去追寻梦中的神奇和美丽。

天空开始了变化，几束如蛇一样窜动闪烁的光出现了，四周群星顿时黯然无色。这些光像浪涛波动着，不断变幻着颜色和光影。我惊喜得忘掉了寒冷，犹如坐看魔术万花筒里刹那间的千变万化，在眼前形成，消失，变幻着。这些光从灰蓝变青，变绿，变紫，又变成一片纠缠的蓝绿赤红。一片迷离，一片闪亮明灭，如琥珀，如翡翠，如玛瑙，如霓虹般瞬间万变，交错摇曳，神奇而不可捉摸的绚烂变幻着。有时，它像银蛇飞舞，有时又如凤凰涅槃重生，浴火重生，更多时，它是夜空中突然爆发的礼花，在空中华丽绽放，而当众人刚开始惊呼时，又瞬间消失了。

　　北极光的美，如此来临，不由让我心中悸动，不可名状。生与死，成功与失败，兴旺与衰落，繁华与幻灭，绝美和绝望不正是那瞬间欣喜过后带来的寂静和失落？而生命的因果轮回不也正是如此。

　　朋友们在寒冷中正用相机努力捕捉着北极光的精彩瞬间，我又独自悄然踱回到小木屋，那里已空无一人，只有燃烧的火炉暖着屋子。

　　我轻轻在火炉边坐下，沏上了一杯滚烫的茶，这样的夜晚，这样的时刻，给我一种似曾相识的亲切和熟悉，我好像听到了木屋主人来自苍穹的一声叹息，仿佛他正告诉着我，许多的美好永不会重回，所有的时刻终究都要过去，而今夜北极光绝美的精彩也终将成为神话般的记忆。

　　小木屋的火炉边，时空的碰撞，心灵的对话，生命的悲欢正在静夜里消消流淌。

　　我颊上流下了滚烫而又冰冽的泪水。